飛鸞走筆

赤山鸞堂、公廟與地方社會

吳振豐 著

高雄研究叢刊序

　　高雄地區的歷史發展，從文字史料來說，可以追溯到 16 世紀中葉。如果再將不是以文字史料來重建的原住民歷史也納入視野，那麼高雄的歷史就更加淵遠流長了。即使就都市化的發展來說，高雄之發展也在臺灣近代化啟動的 20 世紀初年，就已經開始。也就是說，高雄的歷史進程，既有長遠的歲月，也見證了臺灣近代經濟發展的主流脈絡；既有臺灣歷史整體的結構性意義，也有地區的獨特性意義。

　　高雄市政府對於高雄地區的歷史記憶建構，已經陸續推出了「高雄史料集成」、「高雄文史采風」兩個系列叢書。前者是在進行歷史建構工程的基礎建設，由政府出面整理、編輯、出版基本史料，提供國民重建歷史事實，甚至進行歷史詮釋的材料。後者則是在於徵集、記錄草根的歷史經驗與記憶，培育、集結地方文史人才，進行地方歷史、民俗、人文的書寫。

　　如今，「高雄研究叢刊」則將系列性地出版學術界關於高雄地區的人文歷史與社會科學研究成果。既如上述，高雄是南臺灣的重鎮，她既有長遠的歷史，也是臺灣近代化的重要據點，因此提供了不少學術性的研究議題，學術界也已經累積有相當的研究成果。但是這些學術界的研究成果，卻經常只在極小的範圍內流通而不能為廣大的國民全體，尤其是高雄市民所共享。

　　「高雄研究叢刊」就是在挑選學術界的優秀高雄研究成果，將之出版公諸於世，讓高雄經驗不只是學院內部的研究議題，也可以是大家共享的知識養分。

歷史，將使高雄不只是一個空間單位，也成為擁有獨自之個性與意義的主體。這種主體性的建立，首先需要進行一番基礎建設，也需要投入一些人為的努力。這些努力，需要公部門的投資挹注，也需要在地民間力量的參與，當然也期待海內外的知識菁英之加持。

「高雄研究叢刊」，就是海內外知識菁英的園地。期待這個園地，在很快的將來就可以百花齊放、美麗繽紛。

國立臺灣大學歷史學系兼任教授

鸞廟互動的社會文化初探

　　鳳山是高雄歷史極為重要的一脈。清代自林爽文事變之後，鳳山因修築「新城」而成為地方政經中心；日本時代，新興高雄市崛起於港埠地區，昔日南往屏東、北通臺南的商業隘口鳳山新城，經濟受到大幅壓縮，甚至停滯。不過，鳳山作為一百多年的縣城所在地，畢竟積累了不少人文底蘊，以傳統儒教為核心思想，以扶鸞活動為中心的儒宗神教——鸞堂，可謂其中一股重要文化脈流。日治以降，鳳山地區興起一股鸞堂風潮，約有靜心社舉善堂和五甲協善堂兩大脈絡，發展出獨立鸞堂、鸞堂公廟化，以及與地方公廟合祀的三種模式，後者又有寄祀、借祀、共祀和合祀等類型。

　　事實上，學界不乏有關鳳山地區的鸞堂研究，如同為出身鳳山的邱延洲博士，對於鳳山乃至臺灣的鸞堂，業已出版具一定份量的作品。不過，此書是以鳳山赤山地區的鸞堂——誠心社明善堂作為個案研究，深入討論鸞堂與地方廟宇乃至社會之間的關係，進而討論鸞堂因地適宜地發展出來的「鸞廟互動」模式，如此可以解釋不同的「鸞廟模式」下的鸞堂，其所面臨的當代問題與挑戰。鸞堂與公廟之間的互動與問題，這是此作品有別於相關研究的學術貢獻。

　　全書首先深入探討赤山地區的地方史，並剖析赤山庄的聚落、家族與民間信仰等面向，勾勒赤山庄的三大角頭及重要家族的社會與空間構成，梳理各角頭廟和公廟的信仰系統，釐清公廟文衡殿的廟產和歷史演變等；特別是後者，日治末、戰後初這段時間，赤山文衡殿受到寺廟整理運動、教化助成會強制徵收，導致香火中斷多年，廟內幾呈荒廢樣貌。這些勾勒，鋪陳了創設於 1954 年的誠心社明善堂的地

方社會背景，為「鸞廟互動」釐清文化基礎。

　　後兩單元，深入描繪誠心社明善堂的創建與發展，再以誠心社明善堂為例，細膩地分析「鸞廟互動」的社會與文化。這是此作品精彩細微之處。

　　戰後鳳邑地區鸞堂興盛，誠心社明善堂能在赤山庄設立至今，有它獨特的歷史意義。難能可貴的是，作者本身也是鸞堂信仰者，即所謂的堂生。在田野調查中，對於文本的掌握相對充分，而且具備獨到的視角。作者不厭其煩地逐篇檢閱自創堂至今七十年的一手手抄鸞文，分析其中內容、解讀文本意義，以及在地方社會裡，如何透過地方菁英運籌帷幄發展至今。除了文本解讀，作者也善用自己擁有堂生圈內人之身分和機會，長期參與鸞堂運作，從每次扶鸞的錄鸞生職務歷練，再到對外堂務的整體學習，從中觀察到赤山地方社會裡的鸞堂與公廟文化。兼具文本分析與田野觀察的研究方法，難能可貴。

　　作者吳振豐是我在國立高雄師範大學臺灣歷史文化及語言研究所的指導學生，這本作品大體是以他的碩士論文為主體的改寫與精進。去年（2023），早已欣聞這項作品獲得高雄市立歷史博物館「寫高雄——屬於你我的高雄歷史」出版及文史調查獎助計畫的獎勵，如今（2024）個人擔任高史博館長之際，又能親自看到這本書的出版過程，個人深深感到欣慰。

高雄市立歷史博物館館長

李文環

2024.10.18

書寫赤山

認識振豐是在「臺灣史料與研究法」這門課，並非歷史科系出身的他，很快地吸引了我的注意。除了他對於我介紹的臺灣史線上資料庫非常熟稔之外，導讀史料條理分明，顯示他的理解能力極佳，思路清楚，「優秀」二字自然成了我對他的印象。碩士生在第一、二年往往苦於找尋論文的主題，但是振豐入學時就很確定鸞堂研究的方向，本書是他長期投入努力的研究成果，也是家族傳承、記憶的一部分，紮根在地方和家族的脈絡之上，相信是一本值得深讀的好書。

赤山從鄭氏父子時期開始，就是水源匯集、適於開墾之處，尤其聚落形成後，赤山庄坐落於雙城古道交界，為左營舊城與鳳山新城往來必經之地，占有地理位置優勢。赤山的誠心社明善堂設置在庄廟赤山文衡殿之內，與地方公廟發展出「共神信仰」。祀神串聯起鸞堂與公廟，讓兩者在「信仰」和「儀式」上有所共識，逐漸發展出鸞堂在赤山的「不可替代性」與「獨特性」。振豐清楚地整理出誠心社明善堂一路發展而來的脈絡，也指出目前因鸞堂信仰式微化，最迫切的問題是如何因應與提出對策，而這本書的寫作與出版，可以說是振豐為了解決這個問題所跨出的重要第一步。

值此佳作出版在即，深感與有榮焉，所以非常樂意向大家推薦這本書寫赤山鸞堂信仰和地方社會的好書。

國立高雄師範大學臺灣歷史文化及語言研究所所長

吳玲青

2024.11.22

鸞堂人論鸞堂事

　　鸞堂研究從三十年前到現在已經累積了相當的成果，不過礙於有限的資料，其研究需要透過深入的田野調查，才能開啟其深奧之門。在此過程中，局外人想要窺其堂奧，除非透過長期的觀察與資料收集，否則很難達到。相對而言，局內人便比較容易理解鸞堂內的種種問題，對於資料的取得也比較便利。吳振豐先生便屬於後者，在其加入鸞堂成為筆錄生後，透過長時間的觀察與理解，以及掌握相關鸞書等資料，使其研究易於進行。

　　振豐以鳳山赤山庄誠心社明善堂為對象，試圖釐清鸞堂與公廟的屬性問題，以及鸞堂和地方社會間的關聯。鸞堂和地方公廟的關係，過去江趙展也曾以淡水行忠堂為例，討論鸞堂的教派化和民間信仰化的問題。此一問題，可說是在近幾年受到關注的議題。民國90年《竹山鎮志》出版，我記錄了克明宮的歷史發展，並指出該宮有向地方公廟發展的趨勢，部分學者私下曾表達了鸞堂不可能發展成地方公廟的看法。目前的鸞堂研究，對此種看法已有所改觀，鸞堂應具有一種在民間教派與地方公廟間擺盪的性質。振豐此研究透過豐富的史料，並以嚴謹的邏輯推理，以誠心社明善堂和赤山文衡殿此一地方公廟之間的關係，指出明善堂從「寄祀」到「共祀」的發展，以及在此一過程中，地方士紳在該堂所扮演的重要角色等，來證明鸞堂和公廟間的可結合性，更透過地方社會中「人」的關係及網絡，擴張其影響力。此研究振豐用力極深，論述邏輯也強，對於相關歷史的詮釋，相當地到位，是一本值得一讀的佳作。

日前振豐與我聯絡，說明要出版專書，並問序於余。我一方面恭喜他，能學有所成，並將研究心血出版以嘉惠讀者；另一方面也略述近幾年鸞堂研究所關心議題的發展，以作為序。

逢甲大學文化與社會創新碩士學位學程教授

王志宇 謹識

2024.10.29

自序

　　從未想過，能將自己研究成果出版成書，分享給各位，對我來說，如同夢一般！憶起過去，這一切似乎並非偶然，而是有所「注定」。

　　2019年中，恰逢鳳邑誠心社明善堂著造第八科金篇《正法》鸞書，因緣際會參與觀摩儀式運作，即引發興趣，便宣誓成為鸞堂信仰者，跟隨先外祖父、父親進入堂內效勞。正因為有信仰者身分，被恩師派任歷練錄鸞生，決定從商學院跨科報考文學院歷史學門，順利進入國立高雄師範大學臺灣歷史文化及語言研究所。

　　由於入學前早已確立研究鸞堂念頭，積極尋找相關資料文獻，發現身處鸞堂世家的我，家人親友們原來都曾在鳳山地區鸞堂內肩負重要職位。另外這幾年來，持續參與誠心社明善堂運作，不管是每期扶鸞的錄鸞生歷練，抑或是經、樂祭儀拍照記錄的堂務整體學習，都讓我對鸞堂信仰更加了解。亦因長期接觸，逐漸察覺到在赤山庄這地方社會裡，鸞堂與公廟微妙的互動關係，促使想要一窺究竟。

　　綜觀鳳山地區鸞堂信仰，最早可追溯至日治時期，而誠心社明善堂戰後初期寄祀於赤山文衡殿內，創堂至今七十年裡，歷經寄祀、借祀與共祀流動。甚至鸞堂與公廟，在「信仰」與「儀式」有著強烈連結，因此在地方社會裡不論信仰者、非信仰者、公廟、信徒、民眾都能輕易接觸到鸞堂，突顯出赤山庄內，彼此獨特的互動模式。

　　鸞堂雖然奉行「以神設教，以神為師，扶鸞闡化」宗旨，但其信仰者普遍認定自己身為「學生」，堂內僅是祭祀恩主與神祇空間，以

及固定時間降筆扶鸞，用以導正自身品行，來達醒悟之「場所」；信仰層面與行為上，尚存原先習慣，不會因成為鸞堂信仰者後有所改變，故並非如民間信仰者採「單向性」，而是帶有「雙重性」。簡單來說，堂生除固定參與鸞堂運作外，對地方信仰並不排斥，乃至於協助公廟事務推動，這也導致在地方社會裡，鸞堂與公廟產生跨越不同教派關係。

2024 年初，有幸獲得高雄市立歷史博物館「2023 寫高雄——屬於你我的高雄歷史」出版及文史調查獎助計畫獎勵。為期半年時間，一方面重新審視原先碩士論文內容與疏漏，另一再將其進行改寫。

書內主要採用「參與觀察」，輔以文獻分析解讀。先梳理赤山庄聚落歷史脈絡和地方信仰構成，鋪陳地方社會整體背景，釐清誠心社明善堂創堂緣由與發展過程，分析「鸞堂與公廟」如何有所互動、連結，進而深入至地方社會，試圖從「信仰」與「儀式」兩大方向切入。

雖然現今臺灣鸞堂信仰研究成果豐碩，但對於關注鸞堂與公廟間互動、鸞堂型態轉變，抑或是信仰民間化似乎討論不多。希冀本書研究，能進一步釐清誠心社明善堂，如何透過「人」之關係，進入地方社會，逐步與公廟相互配合，擴張其自身影響力。

本書能夠完成，首先向高雄市立歷史博物館李文環館長致謝。李館長是我碩士班指導教授，平常在議題上啟發，提供歷史學、宗教學外不同思維與觀念，奠定與拓展研究視野；老師長期投入高雄區域歷史研究，能成為他的子弟深感榮幸。望本書的付梓，能以些許榮耀小小回報老師栽培與提攜。

學術殿堂就讀期間，感謝國立高雄師範大學臺灣歷史文化及語言研究所吳玲青所長、劉正元教授、楊護源教授，以及逢甲大學文化與社會創新碩士學位學程王志宇教授等多位師長教導，學習到不同學門的專業訓練與研究方法。吳玲青所長家族史，富含地方社會研究厚度；劉正元教授人類學，引領我多元觀點；楊護源教授歷史學，底定解讀清代方志技巧與戰後各項紀錄基礎。其中志宇老師致力於臺灣鸞堂研究許久，在學術界研究成果有目共睹，曾特別叮嚀將來對鸞堂研究應注意面向，以及拋出新議題，使我獲益良多。另外，承蒙出版計畫多位匿名委員的審查，針對其斧正與建議，讓本書能更加臻備。

　　研究過程與田野調查中，特別感謝誠心社明善堂林義雄堂主，提供堂內留存的一手手抄鸞文，得以解讀、釐清創堂至今眾多疑點；王國柱前堂主不厭其煩告知，讓我在赤山庄內人群網絡流動、堂內前賢背景掌握更加詳盡；誠心社明善堂正鸞生邱延洲博士，若有鸞堂疑問向其請教，總是耐心解惑與討論；各鸞堂執事前輩不吝嗇回應、分享。若不是有諸位前輩們，實不會有如此豐富的田野資料。還有謝謝高雄市立歷史博物館建華主任、沐恩、巨流圖書編輯宛君協助。確實，一路走來受到許多貴人鼎力相助，也因有你們，才能共譜出這動人的歷史篇章。

　　最重要的，則是家人做我後盾。近幾年一邊工作一邊投入研究，時常不分晝夜埋頭書寫、奔走田野記錄。尤其擔任誠心社明善堂幹部與同為堂生、同修的父親，我屢屢對堂內有任何疑問或者經、樂問題向其詢問，都能立馬解答。有你們全力支持，才可以讓我繼續堅持在這條研究道路上。

此外，特別向誠心社明善堂堂內諸位恩師頂禮，身為堂生受到恩師們庇佑與眷顧，方能在收集文獻與撰寫本書過程中，將所有疑難、瓶頸逐一突破；再加上今年適逢誠心社明善堂創堂七十週年，希冀本書出版，能讓大眾更了解鸞堂信仰。

　　最後，將這本《飛鸞走筆：赤山鸞堂、公廟與地方社會》分享給各位，以及展望百年發展的鳳邑誠心社明善堂！

謹識
2024 甲辰年立冬　書於國立成功大學

目　次

高雄研究叢刊序 I

鸞廟互動的社會文化初探 III

書寫赤山 V

鸞堂人論鸞堂事 VII

自序 IX

第一章　緒論 1

第二章　赤山庄地方社會形成 19

　第一節　赤山庄土地拓墾 19
　　一、自然地理環境 19
　　二、漢人土地墾殖 22

　第二節　赤山庄聚落開發 25
　　一、水利設施興築 26
　　二、聚落發展脈絡 34

　第三節　赤山庄信仰構成 42
　　一、庄廟赤山文衡殿 43
　　二、地方角頭廟宇 48
　　三、赤山鸞堂信仰起源 53

第三章　誠心社明善堂創建與發展 59

第一節　誠心社明善堂創立 59
一、創堂動機 59
二、穩定堂務發展 63
三、堂務發展問題 71

第二節　誠心社明善堂與戰後宗教政策 80
一、儒教運動到鸞堂整合 81
二、鸞堂登記與認同 87

第三節　誠心社明善堂組織與儀式運作 92
一、組織架構 92
二、飛鸞勸化與著造鸞書 103
三、宣講活動 111

第四章　鸞堂、公廟與地方社會 117

第一節　誠心社明善堂與地方公廟連結 117
一、堂廟祀神關聯 117
二、祭儀體系呈現 124

第二節　誠心社明善堂與地方社會互動 135
一、地方菁英推行 135
二、非鸞堂信仰者接觸 146
三、各堂相互支援 151

第三節　誠心社明善堂面臨難題與挑戰 159
一、當前困境 159
二、因應解決對策 163

XIV

第五章　結論 167

徵引書目 173

附錄一　誠心社明善堂政治菁英一覽表 195

附錄二　赤山文衡殿委員名單 197

附錄三　赤山地方公廟籌建委員 199

附錄四　誠心社明善堂職務 201

附錄五　2024 年誠心社明善堂各項祭儀堂生輪值 203

附錄六　赤山聚落各里沿革 207

圖　次

圖 1-1	鸞堂信仰者與民間信仰者差異概念圖	2
圖 1-2	鸞堂類型架構圖	3
圖 1-3	誠心社明善堂與赤山文衡殿共祀合作示意圖	5
圖 1-4	揮鸞教化	6
圖 1-5	農曆初一、十五於赤山文衡殿大殿公開扶鸞	6
圖 1-6	鸞堂、公廟、地方社會三者關聯示意圖	7
圖 1-7	1956年手抄鸞文書冊與部分內容	16
圖 1-8	1957年手抄鸞文書冊與部分內容	17
圖 1-9	2020年手抄鸞文內容	17
圖 1-10	2024年歲次甲辰三月堂內行事曆	18
圖 2-1	赤山丘陵山脈分布圖	21
圖 2-2	赤山聚落範圍圖	21
圖 2-3	赤山偽鎮屯兵處	22
圖 2-4	赤山聚落曹公新圳灌溉流程示意圖	29
圖 2-5	赤山聚落周圍埤塘分布圖	30
圖 2-6	當今赤山庄埤塘標示圖	30
圖 2-7	廉明德政去思碑	35
圖 2-8	雙城古道周圍聚落標示圖	38
圖 2-9	赤山聚落三大角頭及信仰分布圖	41

圖 2-10	1937年董事李縛致贈「文衡聖帝」牌匾	45
圖 2-11	赤山文衡殿	47
圖 2-12	文農宮（頂頭角）主祀神農大帝	49
圖 2-13	神農宮（下頭角）主祀神農大帝	50
圖 2-14	赤山福德祠（頂頭角）主祀福德正神	51
圖 2-15	福德祠（下頭角）主祀福德正神	53
圖 2-16	友堂所贈之創堂牌匾	56
圖 2-17	誠心社明善堂贈靜心社舉善堂「舉世善從」牌匾	56
圖 3-1	1956年手抄鸞文內容	60
圖 3-2	誠心社明善堂練藥紀錄	69
圖 3-3	1983年《弘道》繳書後收支盈餘	75
圖 3-4	赤山文衡殿重建委員會合影	78
圖 3-5	誠心社明善堂組織圖	94
圖 3-6	誠心社明善堂扶鸞儀式與龍頭樣式鸞筆	103
圖 3-7	誠心社明善堂扶鸞空間示意圖	105
圖 3-8	誠心社明善堂堂內空間	105
圖 3-9	神祇即刻降臨扶鸞	107
圖 3-10	扶鸞儀式進行	107
圖 3-11	鸞筆立定待扶鸞文字宣讀	108
圖 3-12	代天宣化聖座與恩主、正主席金印	108
圖 3-13	堂生提早於堂外置壇誦經待恩主蒞臨	108

圖 3-14	誠心社明善堂降鸞神祇示意圖	109
圖 3-15	赤山地方菁英致贈「代天宣化」牌匾	113
圖 3-16	誠心社明善堂宣講生於扶鸞前進行宣講	115
圖 4-1	赤山文衡殿祭祀空間示意圖	118
圖 4-2	赤山文衡殿廟內空間	118
圖 4-3	誠心社明善堂三恩主和孔夫子聖座	119
圖 4-4	三恩主和恩師及誠心社明善堂恩師位階圖	121
圖 4-5	誠心社明善堂各恩師聖誕公告	121
圖 4-6	誠心社明善堂恩師所在分布圖	123
圖 4-7	誠心社明善堂與地方公廟連結示意圖	125
圖 4-8	誠心社明善堂與地方公廟祭儀交流示意圖	126
圖 4-9	經生於赤山文衡殿祝壽註生娘娘聖誕	126
圖 4-10	經生於文農宮祝壽神農大帝聖誕	126
圖 4-11	誠心社明善堂與地方公廟祭儀示意圖	127
圖 4-12	堂生祝壽正主席聖誕	128
圖 4-13	祝壽正主席聖誕之主祭與陪祭	129
圖 4-14	六月二十四關恩主聖誕	130
圖 4-15	初一、十五《消災科儀》	130
圖 4-16	科儀本與文疏	131
圖 4-17	科儀本《蒙山科儀》與《小蒙山科儀》	132
圖 4-18	赤山文衡殿《蒙山科儀》及《小蒙山科儀》配置示意圖	132

圖 4-19	文農宮及玄天宮《小蒙山科儀》配置示意圖	134
圖 4-20	文農宮施作《小蒙山科儀》及壇位配置	134
圖 4-21	玄天宮施作《小蒙山科儀》及壇位配置	134
圖 4-22	赤山文衡殿施作《小蒙山科儀》	135
圖 4-23	陸軍第二軍團司令部佈告	137
圖 4-24	誠心社明善堂與非鸞堂信仰者關聯架構圖	148
圖 4-25	非鸞堂信仰者一同參與拜天公	149
圖 4-26	2023年關恩主聖誕祭儀	150
圖 4-27	信眾捐款贊普供品	151
圖 4-28	著造鸞書型態架構圖	152
圖 4-29	堂生支援樂善堂繳書醮典	156
圖 4-30	接詔大典各友堂參與	157
圖 4-31	友堂恭賀誠心社明善堂創堂70週年	158
圖 4-32	誠心社明善堂堂生年齡分布圖	160
圖 4-33	民眾祭拜誠心社明善堂文昌帝君	162
圖 4-34	誠心社明善堂當前困境示意圖	163
圖 4-35	誠心社明善堂解決對策示意圖	164
圖 4-36	誠心社明善堂運用科技輔助宣講	165
圖附 4-1	鳳邑誠心社明善堂堂生職務一覽表	202
圖附 5-1	赤山文衡殿2024年初一、十五《消災科儀》經生輪值表	205
圖附 5-2	鳳邑誠心社明善堂堂生演經輪值表	206

表　次

表 2-1　赤山庄行政沿革 39

表 3-1　鳳山地區鸞堂 91

表 3-2　誠心社明善堂著造鸞書名冊一覽表 110

表 4-1　2023 年《醒世迷津》五朝繳書醮典表 156

表 4-2　2019 年誠心社明善堂《正法》五朝醮典 158

表 4-3　誠心社明善堂歷年堂生宣誓人數與年齡一覽表 160

第一章　緒論

　　信仰，本就是日常生活中的一部分。2019 年因緣際會，父親提議筆者參與誠心社明善堂的儀式與運作，起初只是抱持壁上觀態度，僅知誠心社明善堂為外公從年輕到過世前，虔誠「行堂」五十年的信仰地點。當時堂內正進行著造為期十年一科的鸞書。後來筆者持續參與，因而逐漸引發興趣，不到一個月即宣誓，正式成為鳳邑誠心社明善堂的鸞生，半年後，被恩師派任歷練錄鸞生。

　　回首當初，會成為鸞堂信仰者，實非偶然。筆者身為鸞堂世家，從曾祖父到祖父到父親再到我共四代都是堂生。尤其曾祖父為鳳邑養心社啟善堂創堂者之一，曾買地捐獻建堂，後來更任「鳳邑儒教聯堂」第四任主委；祖父與父親雖然分屬不同鸞堂，但都是入堂已久的虔誠鸞生，也擔任堂內重要幹部。猶記小時候每到固定夜晚，長輩們都會說要去「行堂」（kiânn-tn̂g）或「去廟裡」（khì-biō-lí），當時懵懵無知，直到接觸鸞堂才發現舉凡祖母、外婆、數位姑婆等身邊長輩們，皆是虔誠的「鸞堂信仰者」，也就是俗稱「堂生」，且肩負鳳山地區各鸞堂內重要職位。

　　筆者曾納悶，鸞堂信仰與坊間常見民間信仰究竟有何差異？透過長期觀察後發現，信仰層面與行為上，堂生並非如民間信仰者採「單向性」，而是帶有「雙重性」。更細緻說法，鸞堂信仰者除了鸞教之外，還保有既定信仰習慣，不會因成為堂生後有所改變。畢竟，堂生僅是鸞堂內「身分」統稱，多數信仰者普遍認知，鸞堂只是固定時間藉由「以神為師，扶鸞闡化」參與，來達成修身、修性之「場所」；對民間信仰者而言，廟宇祭祀實為信仰層面表現，會接觸鸞堂，純粹因帶有文昌信仰建構而有祭祀行為（圖 1-1）。

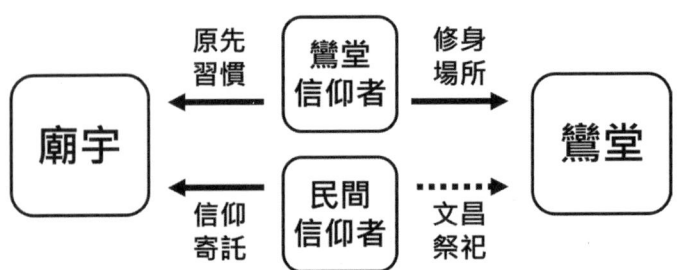

圖 1-1　鸞堂信仰者與民間信仰者差異概念圖
資料來源：吳振豐繪製。

　　鸞堂依族群、地區、語言、形式的差異，可分為閩南和客家兩大種類，主要宗旨都為扶鸞勸化。要行扶鸞儀式則需有足夠空間場所，經由筆者田野調查，鸞堂能依照設立地點區分為「有獨立堂址」與「無獨立堂址」兩大部分，並就其差異進行細分。

　　有獨立堂址，指僅有鸞堂單一群體作為核心，依運作模式有無「公廟化」分為兩種：其一為尚保持原先傳統鸞堂祭儀、祀神、組織與運作，並未隨任何因素影響而改變，如鳳邑靜心社舉善堂；另一即當今鸞堂常見形式，從外觀難分辨是堂或廟，祀神有所改變，並非僅祭祀原先堂內奉派神祇，而是有所增設，鸞堂整體運作發展則朝向公廟化，成為地方信仰代表，可依是否尚存扶鸞儀式而再細分之。

　　若無擁有獨立堂址，則是指礙於某種原因，鸞堂與公廟位處同場所，涉及到兩個群體。對此，筆者認為可按雙方管理組織相同與否，將其細分為「寄祀」、「借祀」、「共祀」、「合祀」四種模式（圖1-2）。

第一章　緒論

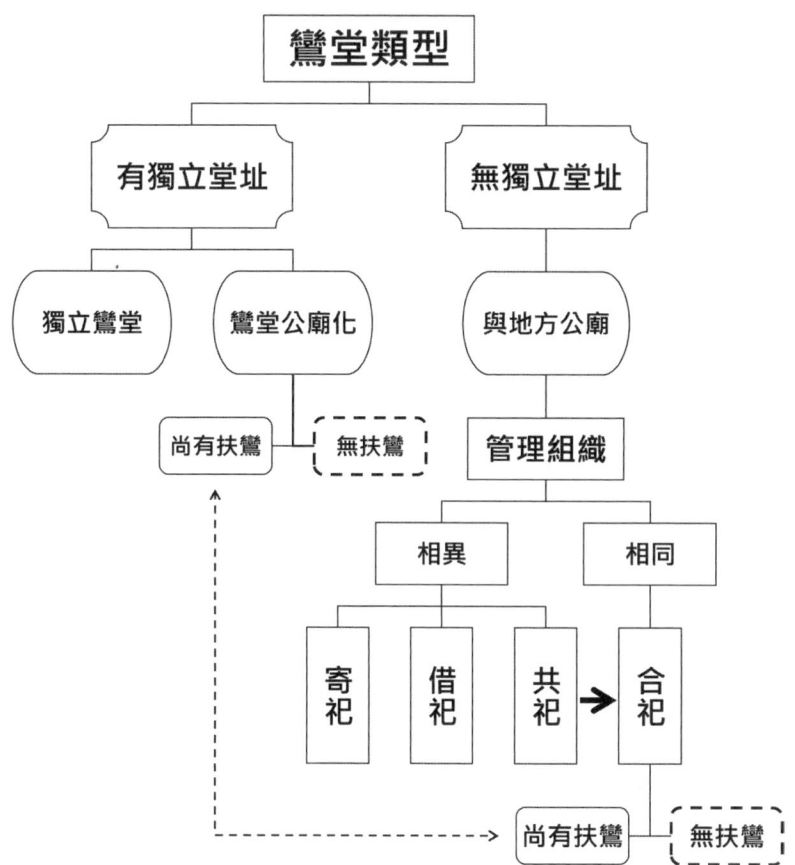

圖 1-2　鸞堂類型架構圖
說明：虛線箭頭為相同。
資料來源：吳振豐繪製。

「寄祀」定義為「依附祭祀」，其「寄」本有「依附」之意涵，指鸞堂因某種緣由，無明確時程，長時間依附廟宇內，好比戰後誠心社明善堂受到宗教登記限制，長期寄祀赤山文衡殿內；所謂「借祀」，即「借用場所祭祀」，跟寄祀差異在於，鸞堂是暫時性、短時間商借空間場所，而兩方管理組織背後有著人際網絡相關聯性，如誠心社明

3

善堂曾因赤山文衡殿重建，短暫移祀至文農宮扶鸞；「共祀」按字面上意思為「共同祭祀」，即鸞堂和公廟位處同場所，雖然管理組織不同，但雙方地位對等，誠如當今誠心社明善堂與赤山文衡殿，彼此互不干涉，卻在信仰和儀式上相互協助、依賴。[1]

最後「合祀」為「合併祭祀」，通常延伸至寄祀與共祀模式下，指鸞堂與公廟兩方的管理組織已合而為一，筆者再以有無扶鸞儀式將其細分兩種。第一為鸞堂受到某緣由勢力削弱而被公廟合併，鸞堂有名無實其組織已無運轉，像是鳳邑丹心社忠孝堂，因無正鸞生與堂生散佚，以致扶鸞中止鸞堂不再活動，而原先空間被鳳邑開漳聖王廟納入旗下成為文昌殿。

第二則是所謂「廟堂合一」，鸞堂尚存在扶鸞儀式，實質上與公廟化鸞堂並無差異，如七老爺大將廟內的鳳邑宏化社揚善堂。需注意，這幾種鸞堂模式應有順序進行，不會隨意跳著改變，而共祀模式下，往往會走向合祀結局。誠心社明善堂戰後初期設立至今共歷經寄祀、借祀、共祀三種模式，這亦是與鳳山地區其他鸞堂相異之處，更突顯其獨特性。

雖然在鸞堂信仰中，堂生普遍以「修身場所」來認定鸞堂，卻不能忽視其與坊間廟宇相同，帶有「信仰」和「儀式」基本構成。就筆者觀察，對誠心社明善堂而言，堂內擁有穩定進行「儀式」堂生，但「信仰」群眾匱乏；相對赤山文衡殿來說，擁有穩固「信仰」信徒，卻欠缺執行「儀式」人員（圖1-3）。

---

[1] 誠心社明善堂於民國43（1954）年創堂，設立赤山文衡殿內，民國76（1987）年因廟體重建，暫時遷移至赤山頂頭角文農宮內扶鸞，直至民國83（1994）年，才重回赤山文衡殿內至今。

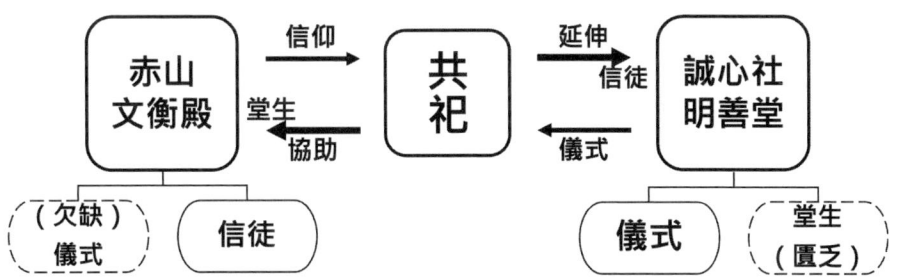

圖 1-3　誠心社明善堂與赤山文衡殿共祀合作示意圖
資料來源：吳振豐繪製。

據此，由誠心社明善堂協助提供赤山文衡殿在廟內祭聖、每月消災科儀所需演經和聖樂人員，減少廟方在祭儀上龐大支出開銷；赤山文衡殿現今則提供「場所」，讓誠心社明善堂初一、十五於樓下大殿內公開扶鸞，藉此吸引既有廟內信徒，希冀將信仰延伸至鸞堂內（圖1-4、1-5）。這種鸞堂與公廟合作微妙關係，使筆者欲窺探兩者獨特互動模式。

王志宇〈地方菁英、村莊公廟與民間教派——以臺灣彰化縣田尾鄉聖德宮的發展為例〉與邱延洲《臺灣鳳邑儒教聯堂的飛鸞勸化與其社會網絡》兩研究，提供筆者鸞堂與公廟間互動關聯想法。王氏指出鸞堂與地方公廟間分合，原因來自於菁英角力的結果，身為堂主的地方菁英往往運作風水與地方利益，以緩解鸞堂和公廟間的芥蒂，重新一同合祀。[2] 邱氏則以鳳山地區 11 鸞堂作為研究對象，對歷史脈絡、組織、祀神、祭儀、發展演變進行討論，並運用 Mauss「交換

---

[2] 王志宇，〈地方菁英、村莊公廟與民間教派——以臺灣彰化縣田尾鄉聖德宮的發展為例〉，收於陳允勇總編輯，《彰化媽祖信仰學術研討會論文集（2011）》（彰化：彰化縣政府文化局，2011），頁 91-106。

圖 1-4　揮鸞教化
資料來源：吳振豐拍攝。

圖 1-5　農曆初一、十五於赤山文衡殿大殿公開扶鸞
資料來源：吳振豐拍攝。

理論」來敘述鸞堂的網絡互動,³ 雖然以鸞堂社會網絡互動作為關注議題,但在誠心社明善堂其設立歷史脈絡緣由、所歷經不同階段模式、如何深入地方社會著墨不深。

經由上述兩研究啟發,提供筆者研究基礎與思考。首先,戰後初期誠心社明善堂設立於赤山文衡殿的理由?涉及地方仕紳、菁英介入,又或者為神祇旨意?其次,誠心社明善堂至今歷經寄祀、借祀、共祀三種模式,其發展過程與經歷各階段的原因為何?再次,目前鸞堂與公廟兩者同祭祀場所下,雙方如何互動?是否存在「互惠互利」?最後,誠心社明善堂對未來長遠發展有何目標?

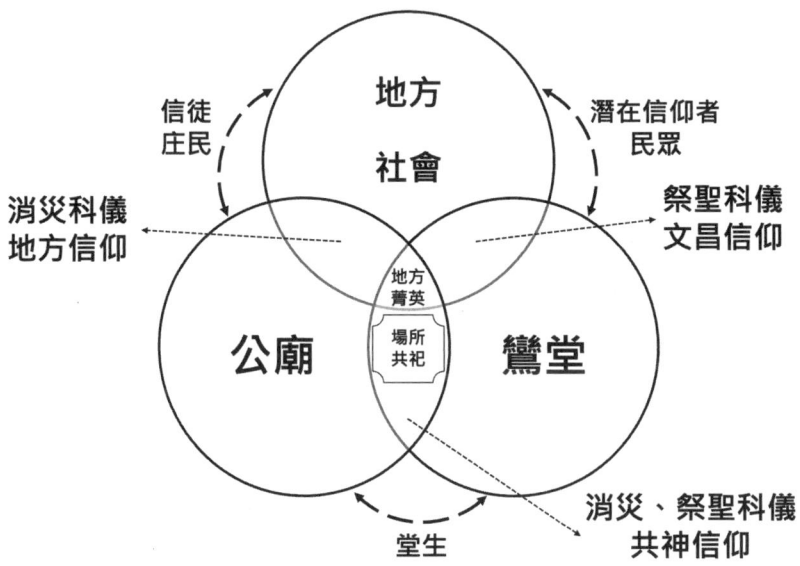

圖 1-6　鸞堂、公廟、地方社會三者關聯示意圖
資料來源:吳振豐繪製。

3　邱延洲,《臺灣鳳邑儒教聯堂的飛鸞勸化與其社會網絡》,高雄研究叢刊第 3 種(高雄:高雄市立歷史博物館,2016)。

除此之外，筆者以自身參與和田野調查經驗，發現誠心社明善堂與赤山文衡殿在地方社會裡，三者互動關聯、型態模式延伸，似乎與其他地區鸞堂有所不同。就鸞堂與公廟而言，場所交集緣故，在共神信仰和各項祭聖、消災科儀產生交流，以堂生作為彼此連結；鸞堂則在地方社會，帶有文昌信仰象徵，使堂內祭聖科儀與非鸞堂信仰者間有所接觸；公廟於地方社會裡，因身為地方信仰，故在消災祭儀上會與信徒、庄民有所關聯（圖1-6）。

鸞堂雖然與公廟同為宗教組織，但其差異在於，鸞堂擁有完善的儀式與組織運作，且主要核心為「飛鸞勸化」，達勸化世人為目的。所謂扶鸞，又稱為扶乩、飛鸞，是指桃枝、柳枝所製成Y字型鸞筆，由正鸞生扶握，藉由神意於桌面上書寫文字，再由唱鸞生報唱字句，錄鸞生即刻抄寫而成的整套儀式。許地山認為扶乩起源於宋代，[4] 臺灣鸞堂則出現於清末，大量在各地蓬勃發展為日治初期的降筆戒煙運動。日人對鸞堂暫稱「降筆會」，正確名為「關帝會」，是祈禱關帝後神靈降於筆上賜與託宣，而服用香灰可戒得鴉片之癮，對這行為認為此乃迷信。[5] 丸井圭治郎《臺灣宗教調查報告書（第一卷）》[6] 與岡松參太郎《臺灣私法》[7] 皆對鸞堂有著調查與記錄，將其定位為迷信與巫覡之行為，兩者是總督府宗教調查所有文件，以整合、補正、分

4　許地山，《扶箕迷信的研究》（臺北：臺灣商務出版社，1994），頁7-20。

5　臺灣慣習研究會，〈鸞堂と降筆會〉，收於臺灣慣習研究會編，《臺灣慣習記事　第壹卷・第八號》（臺北：臺灣慣習研究會，1901），頁86-87。

6　丸井圭治郎，《臺灣宗教調查報告書》（第一卷）（臺北：捷幼出版社，1993），頁156-160。

7　岡松參太郎著，陳金田譯，《臺灣私法》（第二卷）（南投：臺灣省文獻委員會，1993），頁198、203-205。

類,撰寫而成,雖為官方部門紀錄,卻缺乏實際調查。

臺灣鸞堂信仰起源脈絡,至今為止學界有多種說法與討論。第一,王世慶據《臺灣總督府公文類纂》紀錄和一新社《覺悟選新》,推斷光緒13年(1887)一新社推展戒煙成效,由澎湖傳入臺灣宜蘭。[8]第二,鄭志明將鸞堂分為兩大部分,南宗以普勸社為代表,屬於文人乩壇結合宣講制度;北宗則為宜蘭新民堂,是文人乩壇與民間教團混合。[9]第三,即多元說法,王見川整理出清末日初時期鸞堂系統分為三大部分,一是宜蘭喚醒堂分香出來新竹宣化堂;二是新竹復善堂系統;三則是一新社。[10]直到後續研究者投入大量田野調查,多元說法才被研究者廣泛認同。

鸞堂研究至今成果豐碩,早期學者如蔡懋堂、鄭喜夫、林永根、林漢章等都曾討論過,但研究多數以臺灣善書作為主軸。[11]日後眾多

---

[8] 王世慶,〈日據初期臺灣之降筆會與戒烟運動〉,《臺灣文獻》,37(4)(1986),頁111-152。

[9] 鄭志明,〈臺灣民間鸞堂儒宗神教的宗教體系初探〉,《臺北文獻》,(直字)68(1984),頁81-82。

[10] 王見川,〈清末日據初期臺灣的「鸞堂」——兼論「儒宗神教」的形成〉,《臺北文獻》,(直字)112(1995),頁49-83。

[11] 蔡懋堂,〈臺灣現行的善書〉,《臺灣風物》,24(4)(1974),頁7-36;蔡懋堂,〈臺灣現行的善書(續)〉,《臺灣風物》,26(4)(1976),頁84-123;鄭喜夫,〈從善書見地談「白衣神咒」在台灣〉,《臺灣文獻》,32(3)(1981),頁120-167;鄭喜夫,〈清代臺灣善書初探〉,《臺灣文獻》,33(3)(1982),頁7-36;鄭喜夫,〈關聖帝君善書在台灣〉,《臺灣文獻》,34(3)(1983),頁115-148;林永根,〈臺灣鸞堂:一種蓬勃發展的民間信仰與傳統宗教〉,《臺灣風物》,34(1)(1984),頁71-78;林漢章,〈余清芳在西來庵事件中所使用的善書〉,《臺灣史料研究》,2(1993),頁116-122。

研究學者中有宋光宇、鄭志明、李世偉、王志宇、王見川等人，[12]這幾位學者研究不如以往侷限在鸞書討論，而是較為廣泛深入至鸞堂各方角度，如鸞堂脈絡、宗教面向、宗教定位與活動、鸞書帶給社會教化與意義等。當中又以王志宇和王見川兩位，研究成果不勝枚舉。[13]

王志宇《台灣的恩主公信仰——儒宗神教與飛鸞勸化》，是討論鸞堂專書，內容以聚焦儒宗神教，對其扮演角色、發展、祭祀活動再

---

12 宋光宇，〈關於善書的研究及其展望〉，《新史學》，5（4）（1994），頁161-190；宋光宇，〈從最近十幾年來的鸞作遊記式善書談中國民間信仰裡的價值觀〉，收於宋光宇，《宗教與社會》（臺北：東大圖書股份有限公司，1995），頁263-290；鄭志明，〈遊記類鸞書所顯示之宗教新趨勢〉，《中央研究院民族學研究所集刊》，61（1986），頁105-128；鄭志明，《台灣扶乩與鸞書現象：善書研究的回顧》（嘉義：南華管理學院，1998）；鄭志明，〈近五十年來台灣地區民間宗教之研究與前瞻〉，《臺灣文獻》，52（2）（2001），頁127-149；李世偉，《日據時代臺灣儒教結社與活動》（臺北：文津出版社有限公司，1997）；李世偉，〈清末日據時期臺灣的仕紳與鸞堂〉，《臺灣風物》，46（4）（1996），頁111-143；李世偉，〈日治時期臺灣的儒教運動（上）〉，《臺北文獻》，（直字）120（1997），頁93-131；李世偉，〈日治時期臺灣的儒教運動（下）〉，《臺北文獻》，（直字）121（1997），頁43-82。

13 王志宇，〈從鸞堂到儒宗神教——論鸞堂在臺之發展與傳布〉，收於李豐楙、朱榮貴編，《儀式、廟會與社區——道教、民間信仰與民間文化》（臺北：中研院中國文哲研究所籌備處，1996），頁157-177；王志宇，〈戰後臺灣新興鸞堂豐原寶德大道院之研究：教義與宗教活動面向的觀察〉，《臺灣文獻》，62（3）（2011），頁351-384；王志宇，〈從關平降詩看鸞書降神結構的轉變——以中部地區的鸞書為中心〉，《臺陽文史研究》，4（2019），頁73-88；王見川，〈光復（1945）前臺灣鸞堂著作善書名錄〉，收於王見川主編，《民間宗教 第1輯：民國時期的教門專輯》（臺北：南天書局有限公司，1995），頁173-194；王見川，〈臺灣「關帝當玉皇」傳說的由來〉，《臺北文獻》，（直字）118（1996），頁213-232；王見川，〈西來庵事件與道教、鸞堂之關係——兼論其周邊問題〉，《臺北文獻》，（直字）120（1997），頁71-91。

到鸞堂階層組織、社會救濟與鸞生背景進行全面探究。[14] 王見川則提出未來鸞堂研究六大方向，包括「鸞堂歷史、鸞堂宗教屬性、鸞堂生態、鸞書的內容、鸞堂崇拜的主神、研究者與研究對象互動」，[15] 可作為未來從事鸞堂研究者參考方向。

受限鸞堂封閉性與神秘性，早期鸞堂研究多集中於系統脈絡、鸞書教化等議題，無法全面性討論。余光弘、黃有興、許玉河率先以澎湖地區鸞堂發展為撰寫，[16] 不同以往，他們以「地區性」作為討論。因有區域性鸞堂研究作為開創，後續主軸轉移至中北部客家地區鸞堂，如王見川〈光復前臺灣客家地區鸞堂初探〉、〈日治初期新竹地區的鸞堂及其影響〉、陳建宏〈公廟與地方社會——以大溪鎮普濟堂為例（1902-2001）〉、鄭寶珍〈日治時期客家地區鸞堂發展：以新竹九芎林飛鳳山代勸堂為例〉等，[17] 這些都以日治時期客家鸞堂發展作為核心

---

[14] 王志宇，《台灣的恩主公信仰——儒宗神教與飛鸞勸化》（臺北：文津出版社有限公司，1997）。

[15] 王見川，〈臺灣鸞堂研究的回顧與前瞻〉，收於王見川，《臺灣的齋教與鸞堂》（臺北：南天書局有限公司，1996），頁 215-216。

[16] 余光弘，《媽宮的寺廟》（臺北：中央研究院民族學研究所，1988），頁 107-125；黃有興，《澎湖的民間信仰》，協和臺灣叢刊（臺北：臺原出版社，1992），頁 65-79；許玉河〈澎湖鸞堂發展史〉，《臺灣文獻》，54（4）（2003），頁 153-204；許玉河，〈神道設教——澎湖鸞堂的社會關懷（上）〉，《咕咾石》，54（2009），頁 93-118；許玉河，〈神道設教——澎湖鸞堂的社會關懷（下）〉，《咕咾石》，55（2009），頁 88-106。

[17] 王見川，〈光復前臺灣客家地區鸞堂初探〉，《臺北文獻》，（直字）124（1998），頁 81-101；王見川，〈日治初期新竹地區的鸞堂及其影響〉，《竹塹文獻雜誌》，64（2017），頁 129-149；陳建宏，〈公廟與地方社會——以大溪鎮普濟堂為例（1902-2001）〉（桃園：國立中央大學歷史研究所碩士論文，2004）；鄭寶珍，〈日治時期客家地區鸞堂發展：以新竹九芎林飛鳳山代勸堂為例〉（桃園：國立中央大學客家社會文化研究所碩士論文，2008）。

討論，逐漸察覺鸞堂信仰背後「族群」與「地方社會」互動關係。

這十幾年來鸞堂研究者，範圍不再著重中北部鸞堂，有拓展至南部地區跡象。張有志碩士論文〈日治時期高雄地區鸞堂之研究〉，運用鸞書、碑文、發行簡介和書刊等資料，以日治時期作為背景，除比較高雄地區閩南與客家鸞堂差異之外，更深入鸞堂發展歷史與系統脈絡、信仰內涵，以及帶給社會關懷與教義，[18] 但對於鸞堂範圍討論過大，無法有效觀察鸞堂間彼此互動與深層意涵。李淑芳〈清代以來臺灣宣講活動發展研究——以高雄地區鸞堂為例〉，論述高雄地區從清代到戰後，宣講活動發展歷程，以楠梓天后宮、旗山天后宮及鳳邑挽善堂「宣講牌」作為討論，[19] 可惜僅以三處宣講牌作為討論，對於鸞堂內部宣講活動來源與設立用意著墨不深。

甚至，南部區域研究逐步跨入六堆，意識到鸞堂與「地方社會」之間互動關係。如曾令毅〈屏東竹田西勢覺善堂與六堆地方社會〉、張二文《臺灣六堆客家地區鸞堂與民間文化闡揚之研究》、鍾安〈鸞堂與地方社會：以南臺灣美濃廣善堂為例〉等。[20] 梳理六堆客家地區鸞堂脈絡、鸞生養成、人群網絡互動、鸞務發展、鸞書帶給現代社會教化警示與懲戒面向，全面性地做完整建構與詳細整理，探究客家鸞

---

18 張有志，〈日治時期高雄地區鸞堂之研究〉（臺南：國立臺南大學臺灣文化研究所碩士論文，2007）。

19 李淑芳，〈清代以來臺灣宣講活動發展研究——以高雄地區鸞堂為例〉（高雄：國立高雄師範大學臺灣歷史研究所碩士論文，2010）。

20 曾令毅，〈屏東竹田西勢覺善堂與六堆地方社會〉，《臺灣文獻》，60（2）（2009），頁91-150；張二文，《臺灣六堆客家地區鸞堂與民間文化闡揚之研究》（臺北：博揚文化事業有限公司，2015）；鍾安，〈鸞堂與地方社會：以南臺灣美濃廣善堂為例〉（臺北：國立臺灣師範大學歷史學系碩士論文，2021）。

堂在地方社會裡所扮演角色、貢獻和社會功能。雖然南部區域性鸞堂研究議題不再單一,有多方面並行討論,擴及族群議題,但納入地方社會為此者,還是以客家鸞堂占多數。

畢竟,地方社會涵蓋範圍甚廣,當中以家族、菁英和公廟三者,在地方經濟、興衰、權力、政治、事務等方面有相當之影響力,尤其地方家族參與鸞堂活動。王志宇〈日治時期永靖邱氏宗族與其鸞堂活動——以錫壽堂與醒化堂為中心〉、王見川〈略論陳中和家族的宗教信仰與勸善活動〉、吳宗明〈鸞堂建構與家族經營:以指南宮為例〉,[21] 皆以家族為核心議題,探究在鸞堂內,地方家族所扮演角色,以及如何運作經營深入地方社會。

此外,受到菁英、仕紳的影響,鸞堂在地方社會裡,常與公廟有著無形網絡聯繫,甚至位處同個場所內祭祀,彼此間形成緊密卻有點難以言喻的關係樣貌。呂仁偉、洪櫻芬〈地方上的儒宗神教——以東港大潭保安宮省修社天恩堂為例〉、黃素貞〈地方上的儒宗神教——以竹山克明宮為例〉、黃萍瑛〈當代埔里的鸞生的宗教生活——以育化堂女鸞為考察中心〉、黃媖群〈屏東鸞堂信仰探究——以統埔鎮安宮與大潭保安宮為例〉等研究,[22] 雖然以個案鸞堂作為核心討論,甚

---

21 王志宇,〈日治時期永靖邱氏宗族與其鸞堂活動——以錫壽堂與醒化堂為中心〉,《華人宗教研究》,6(2015),頁59-86;王見川,〈略論陳中和家族的宗教信仰與勸善活動〉,《臺北文獻》,(直字)119(1997),頁137-154;吳宗明,〈鸞堂建構與家族經營:以指南宮為例〉(臺北:國立政治大學民族學系碩士論文,2014)。

22 呂仁偉、洪櫻芬,〈地方上的儒宗神教——以東港大潭保安宮省修社天恩堂為例〉,《屏東文獻》,4(2001),頁35-47;黃素貞,〈地方上的儒宗神教——以竹山克明宮為例〉,《地理教育》,23(1997),頁81-96;黃萍瑛,〈當代埔里鸞生的宗教生活——以育化堂女鸞為考察中心〉,《民俗曲

至探究脈絡歷程、儀式、鸞書到信仰者身分,但卻都忽視鸞堂會依據發展與所在地區的不同,其演變各有所差異,以致無法釐清鸞堂在地方社會裡的信仰定位、影響程度與公廟之間的連結關係。

現今鸞堂發展應可大致劃分三種型態:第一,獨立鸞堂個體,尚保持傳統鸞堂祀神、祭儀與運作。第二,當今鸞堂常見形式,有著完善組織系統與經營模式,發展壯大後即建立堂所,從外觀難分辨是堂或廟,祀神有所改變,不再如先前僅祭祀堂內奉派神祇,而有所增設,整體運作已朝向「公廟化」發展。第三,與地方公廟同場所內,雙方管理組織不同,各自獨立運作模式。這三種類型,又以鸞堂轉型為地區公廟為多。如徐碧霞〈鸞堂型村廟的儀典與組織:以苗栗頭屋雲洞宮為例〉,便是以祭祀圈、祭祀組織、地方社會概念切入,討論客家地區鸞堂雲洞宮如何成功轉型為公廟,逐漸成為地方信仰代表。[23] 需注意到,這些已轉型為地方公廟的鸞堂,在運作上相對獨立鸞堂來得容易許多。因此,鸞堂在地方社會裡與公廟互動關係與模式,以及地方家族與菁英參與推行,實為值得納入研究議題。

雖然鸞堂公廟化,衍變成聚落內信仰中心是當前常態,卻也不是所有鸞堂都能成功轉換其身分與定位。許玉河〈澎湖鸞堂之研究〉中提及澎湖地區有分為文壇的鸞堂,與乩童小法的武壇二種。[24] 戰後,

---

藝》,184(2014),頁 279-334;黃姝群,〈屏東鸞堂信仰探究——以統埔鎮安宮與大潭保安宮為例〉(屏東:國立屏東大學中國語文學系碩士班碩士論文,2015)。

23 徐碧霞,〈鸞堂型村廟的儀典與組織:以苗栗頭屋雲洞宮為例〉(新竹:國立交通大學客家文化學院客家社會與文化學程碩士論文,2011)。

24 許玉河,〈澎湖鸞堂之研究〉(臺南:國立臺南大學鄉土文化研究所碩士論文,2004),頁 89。

澎湖的鸞堂全面進入寺廟內扶鸞，為了和諧，鸞堂與地方公廟領導者為同一組人，使其能配合順暢，但文壇與武壇形式不同，雙方互不信任、競爭猜忌導致衝突不斷。又如馬公北甲北辰宮因信徒於文、武兩壇求問同一問題，得到答案不同導致雙方反目，廟方領導者無力處理，導致最終雙方都停止問事濟世，造成兩敗俱傷，[25] 以致後續鸞堂和公廟逐漸衰退沒落。

畢竟，公廟本就為當地信仰中心，更是村落意見交流場所、人群互動空間，本就有「公」性質，而鸞堂屬「私」，因其神秘性與封閉性，非鸞堂信仰者難以一探究竟與深入瞭解。再加上受限地方經濟發展、人群鬆動、菁英仕紳掌權、信仰人口減少、儀式式微、組織改革變動等，都是影響鸞堂與公廟之間關係生變重要因素。

總結前人研究成果，能發現到早期多數學者進行鸞堂研究，圍繞系統發展、鸞書教化呈現、宗教信仰帶來轉變等作為討論，在議題與範圍，比較集中於中北部鸞堂。然而，近年來鸞堂信仰研究成果不再單一，而是多方面向，研究逐漸拓展至南部地區，梳理出鸞堂發展脈絡、背後「族群」議題，甚至意識到在地方社會裡與地方公廟互動、地方關係建構、菁英仕紳參與等，這些都有助於釐清、補足臺灣鸞堂建構與發展脈絡。

本書以誠心社明善堂作為中心出發點，思考鸞堂如何與地方公廟有所互動、發展。首先，梳理赤山庄早期地方社會，聚落發展脈絡和地方信仰構成；其次，釐清誠心社明善堂創立緣由動機、發展歷史過程與經歷各種階段；再者，闡釋當今鸞堂與公廟於地方社會裡，在

---

25 余光弘，《媽宮的寺廟》，頁 123。

「信仰」和「儀式」連結與互動關係；最後，針對當前鸞堂信仰式微走向，誠心社明善堂如何因應與解決。試圖從「信仰」與「儀式」兩大方向切入，探究鸞堂與公廟如何深入至地方社會裡，形成聚落內獨特信仰代表。

不過，鸞堂帶有封閉性，排他性極強，一般人難以探究其神秘面紗。筆者身為鸞堂鸞生，具有不同他者的「局內人」身分、優勢與角度，能親自參與鸞堂內部運作儀式，觀察鸞堂與公廟內各項祭儀；再加上身為赤山庄內人，運用自身優勢條件，梳理地方社會內信仰脈絡和人群流動交集，因而本書採「參與觀察」作為主要研究方法。

最後，希冀藉由文獻分析，能互補參與觀察不足之處。如針對誠心社明善堂發展過程、設立動機緣由，採用創堂至今留存的手抄鸞文，這乃扶鸞儀式下的產物，其所留存一手資訊與線索，加以解讀分析（圖 1-7、1-8、1-9）；爬梳方志、報章、各類官方檔案、報告書、政府公報、地方議會紀錄等，以利掌握赤山庄地方社會脈絡，了解鸞

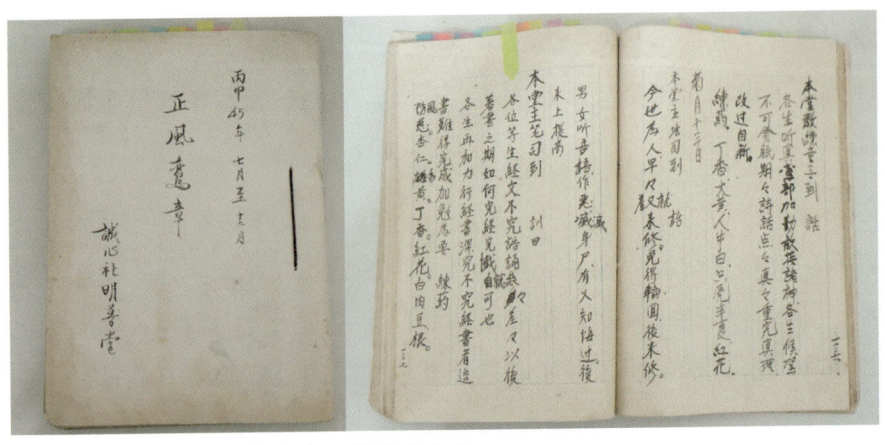

圖 1-7　1956 年手抄鸞文書冊與部分內容
資料來源：吳振豐拍攝。

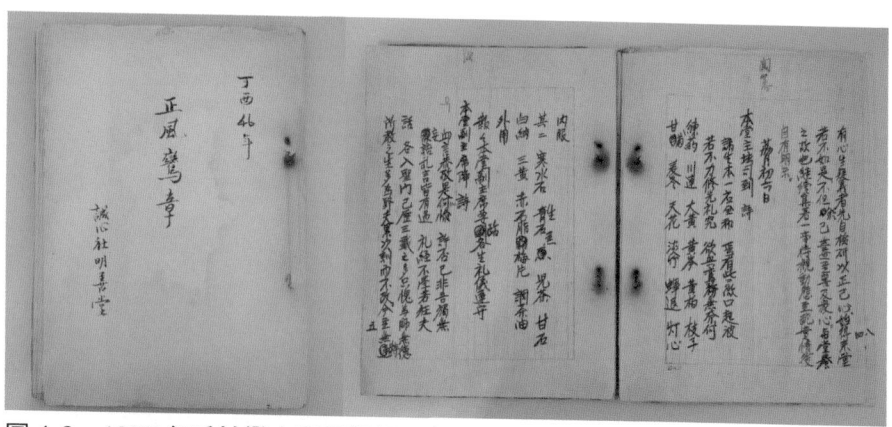

圖 1-8　1957 年手抄鸞文書冊與部分內容
資料來源：吳振豐拍攝。

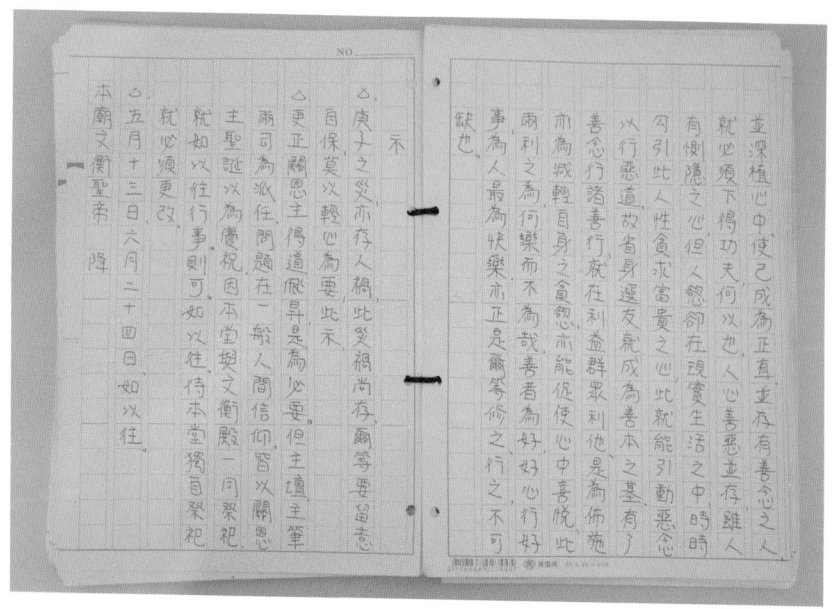

圖 1-9　2020 年手抄鸞文內容
資料來源：吳振豐拍攝。

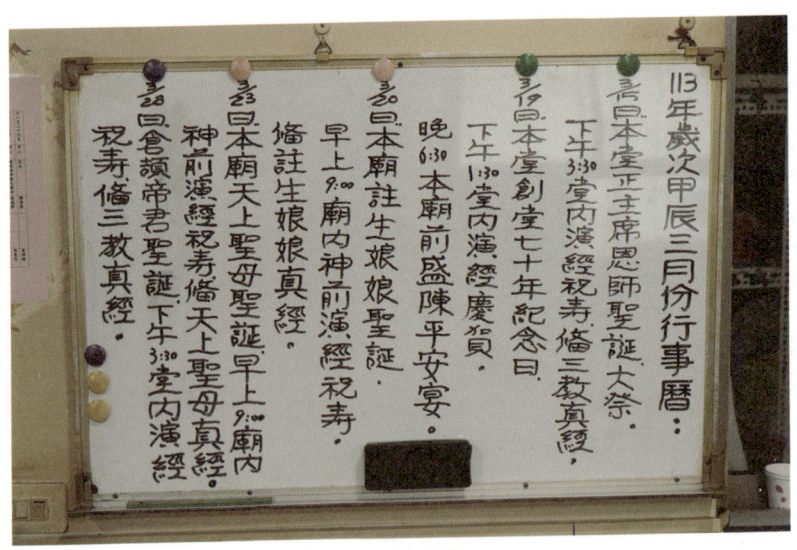

圖 1-10　2024 年歲次甲辰三月堂內行事曆
資料來源：吳振豐拍攝。

堂和公廟在各事項運作與政策施行因應之道。甚至，發行鸞書、匾額、石碑、沿革、未發行名冊資料、照片、堂內紀錄等（圖 1-10），皆助於深入得知內部運作模式，釐清鸞堂在地方社會裡與信仰者、庄民、菁英、公廟以及他堂之互動關係。

第二章　赤山庄地方社會形成

　　傳統聚落往往承載住民文化和信仰，即使歷經時間流變，依然在地方社會中存在著重要表徵。赤山庄始於明鄭時期，官方修建赤山陂，用以灌溉農田，開啟土地的拓墾，這使聚落逐漸浮出成型。清代之後，赤山聚落大致底定，進而發展成庄，形成所謂的自然村聚落。究竟，赤山庄從明鄭時期土地拓墾到清代發展成庄的歷史脈絡為何？赤山庄聚落何以持續穩定發展？聚落內的信仰又如何構成？將是本章欲釐清與探討的重點。

第一節　赤山庄土地拓墾

　　土地為傳統漢人生存必備要素，透過開墾造就生存食物來源與經濟作物產生，才得以安居樂業，構成地方社會的基本樣貌。赤山在鳳山開發史上，應該是最早開墾區域之一。早在明鄭時期就浮現歷史舞臺，先民在此運用地形闢建天然埤塘，開啟土地墾殖根基。本節從自然與地理環境大背景，描繪出赤山庄從明鄭時期到清代康熙年間土地拓墾情形。

一、自然地理環境

　　赤山，最早可見於康熙24年（1685）蔣毓英編纂的《臺灣府志》，其記載：「經南赤山（在諸山之西南，其土色赤，故因以為名，此山去鳳山不遠）。」[1] 清代赤山是指大樹丘陵尾端，由北而南之煙墩山、大灣山、獅頭山、金鐘湖山、烏石山、大湖山、龍喉山、大赤

---

[1] 蔣毓英，《臺灣府志》（臺北：行政院文化建設委員會，2004〔1684〕），頁144。

山、吊燈陂山一脈丘陵所組成（圖 2-1），[2] 坡度平緩起伏不高，海拔約在 20 到 60 公尺，土壤多數呈現赤紅色，故以此取名。

清代赤山庄甚廣，今鳳山區、鳥松區、三民區多處皆是涵蓋範圍，主要此處擁有獨特天然地形與地理位置要素，丘陵又圍繞天然湖泊公爺埤，開啟先民在此落墾契機。康熙中葉後出現「赤山莊」，即是對此條丘陵周圍而居聚落統稱。爾後，不同政權時期，行政區域劃分亦不如以往而逐漸縮小，戰後才大致底定赤山聚落範圍，直至近二十年聚落在都市計畫規劃後才從傳統農業村轉型為新興商業商圈。

今赤山聚落位於鳳山區北方，乃赤山丘陵以南，通常指文山里、文英里、文德里、文衡里、文福里、文華里等六里，面積共二點三六平方公里區域，[3] 涵蓋範圍北接鳥松區、東鄰牛潮埔、西連三民區、南臨鳳山街，與鳳山、五甲並列鳳山市內三大傳統聚落（圖 2-2）。

氣候方面，聚落位處北回歸線以南，屬熱帶季風氣候區，年均溫約 25℃。年雨量不充沛且變化量大，約為 1,800 公釐，每年十月至翌年三月為乾季，雨水皆集中夏季，導致農業稻作無法長期栽培，需仰賴水利設施灌溉才能得以維持。

2　盧德嘉纂輯，《鳳山縣采訪冊（上）》（臺北：行政院文化建設委員會，2007；〔1894 年成稿未刊〕），頁 72-73。

3　六里戶口約 2 萬戶、總人口約 5 萬人，雖已轉型為新興商業商圈，但還是保留少數傳統聚落紋理。高雄市鳳山區公所，鳳山市區公所人口統計。資料檢索日期：2022 年 1 月 5 日。網址：https://reurl.cc/N0Rkqq。

第二章　赤山庄地方社會形成

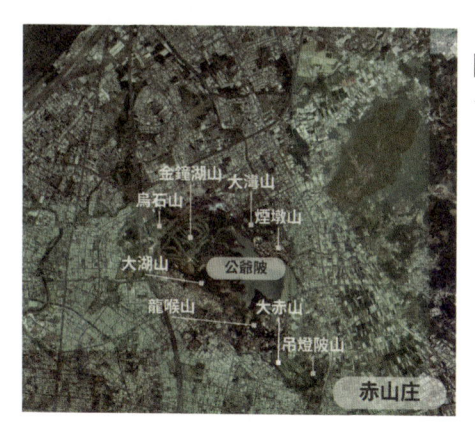

圖 2-1　赤山丘陵山脈分布圖
資料來源：臺灣通用正射影像【NLSC】，引自中央研究院人社中心GIS專題中心（2020）。[online] 臺灣百年歷史地圖。網址：https://gissrv4.sinica.edu.tw/gis/twhgis/（本圖層資料為內政部國土測繪中心提供）。吳振豐標示。

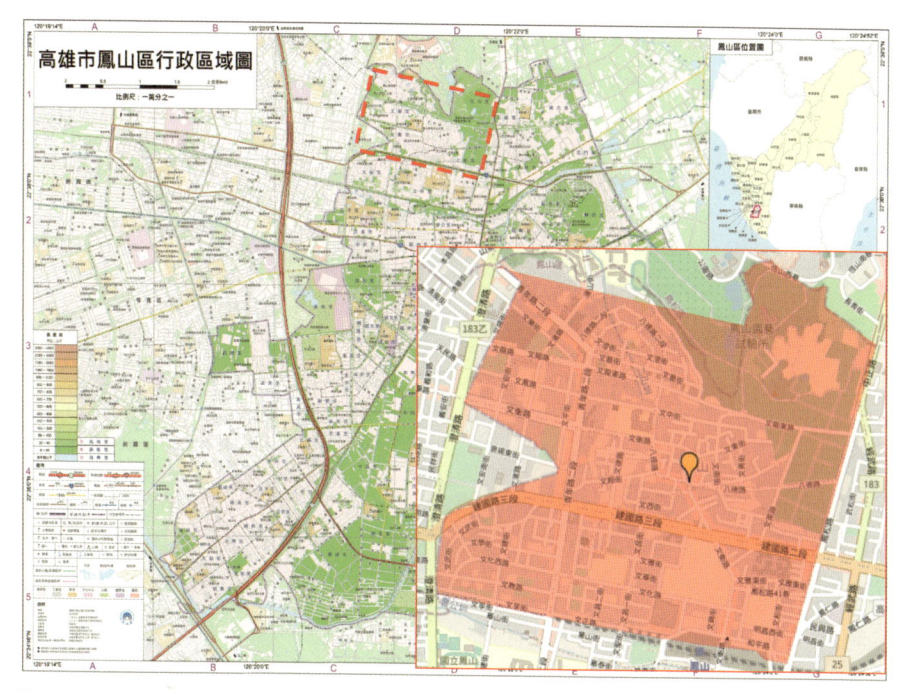

圖 2-2　赤山聚落範圍圖
資料來源：高雄市鳳山區行政區域圖，引自高雄市政府民政局官方網站，〈高雄市行政區域圖〉。網址：https://cabu.kcg.gov.tw/web/DistrictE/LocalCultural/RegionMap.htm。行政區＿村里界【NLSC】，引自中央研究院人社中心GIS專題中心（2020）。[online] 臺灣百年歷史地圖（本圖層資料為內政部國土測繪中心提供）。吳振豐標示。

21

二、漢人土地墾殖

　　赤山土地拓墾最早可追溯至明鄭時期，永曆 18 年（1664）〈臺灣軍備圖〉右上角以漢文清楚標示「赤山偽鎮屯兵處」，滿文中讀作「cy šan alin, geren holo dzung bing ni cooha ilire ba」，漢文意思為「赤山，眾偽總兵之兵丁所立地方」，[4] 可見赤山地區永曆年間就已有軍屯開墾紀錄（圖 2-3）。

　　1661 年鄭成功攻入臺灣擊退荷蘭人，將赤崁改為東都明京，設置承天府與天興、萬年二縣，分派鎮兵於各地屯墾，鳳山是當時重要

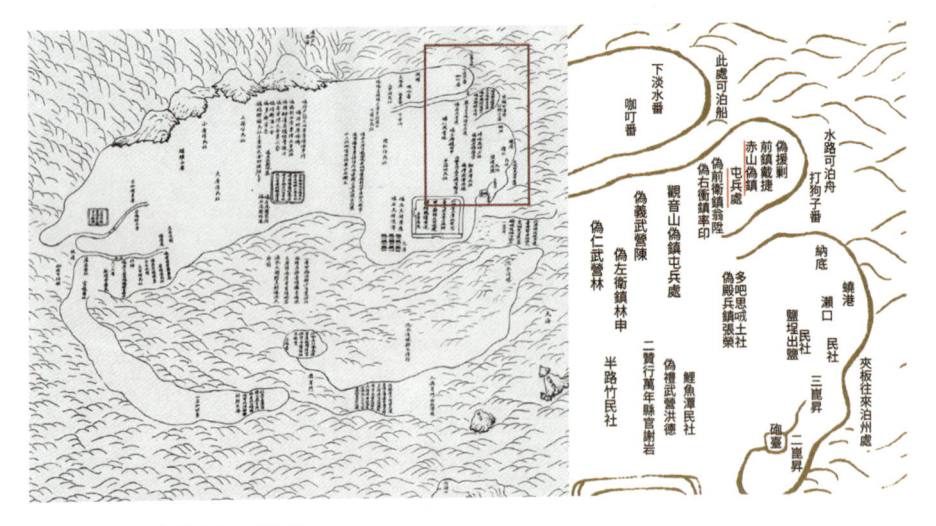

圖 2-3　赤山偽鎮屯兵處
資料來源：〈永曆十八年臺灣軍備圖〉，引自中央研究院，《臺灣歷史文化地圖系統》第一版（臺北：中央研究院，2003）。網址：https://thcts.sinica.edu.tw/（最後瀏覽日期：2024 年 10 月 29 日）。吳振豐標示。

4　林士鉉，〈任教巨舶難輕犯天險生成鹿耳門——院藏滿、漢文《臺灣略圖》簡介〉，《故宮文物月刊》，349（2012），頁 40-48。

的拓墾地區之一。楊英《從征實錄》記載:「六月,藩駕駐承天府,遣發各鎮營歸汛……南路鳳山、觀音山屯墾」。[5] 當時派遣中衝、義武、左衝、前衝、遊兵等鎮札南路鳳山、觀音山進行屯墾,突顯出南路鳳山是當時重要戰略位置。

鄭氏為解決軍隊糧食缺乏問題,頒布八條屯田諭令,以荷治王佃作為官方田園基礎,給予文武百官六個月薪餉,鼓勵開墾荒地。管理上採一田一主租佃,使多數屯墾區集中臺南、高雄兩區,佃主多為政府或官吏。[6] 藉軍屯、私墾、民墾拓墾方式,[7] 仿效古代實施寓兵於農政策,將臺灣當作基地,吸引招募大量流離失所沿海漢人來臺,達反清復明意圖。更因南部冬季缺雨,墾殖與農作物需要大量水源,主動興建修築陂塘,清代地方志書《鳳山縣志》記載:「赤山陂在赤山莊。周圍百餘丈,注雨水以灌赤山莊之田。偽時所築」。[8] 應用天然地形,匯集雨水,灌溉周圍田園,造就土地拓墾快速發展,為清代赤山聚落發展奠定基石。

康熙23年(1684),清帝國正式將臺灣納入版圖。據康熙24年(1685)蔣毓英所編寫《臺灣府志》,並無赤山地區紀錄,僅記有「鳳山庄(離府治八十里)」。[9] 然而,至康熙33年(1694)高拱乾修撰《臺

---

5 楊英,《從征實錄》,臺灣文獻叢刊第32種(臺北:臺灣銀行經濟研究室,1958),頁190。

6 吳進喜、施添福,《高雄縣聚落發展史》(高雄:高雄縣政府,1997),頁60。

7 宋增璋,《臺灣撫墾志》(臺中:臺灣省文獻委員會,1980),頁43-50。

8 李丕煜主修,《鳳山縣志》(臺北:行政院文化建設委員會,2005〔1720〕),頁94。

9 蔣毓英,《臺灣府志》,頁137。

灣府志》，才出現「赤山莊九甲」的記載。[10] 筆者對照兩本方志，高氏是以蔣氏作為基礎撰寫，兩者時間差距九年，蔣氏方志未特別寫到赤山地區。主要原因為何？

首先，清領初期為嚴加剷除明鄭勢力，曾把大量殘黨遣送回中國，加上頒布三條渡臺禁令影響，臺灣人口大量流失，既有聚落遍地成荒、人去樓空，而有「鳳山縣延袤荒野，無市廛」評語。[11] 爾後，地方官員為爭取地方繁榮與稅收，積極致力土地開墾，主動招募閩、粵沿海一帶居民來臺，對偷渡漢人採取漠視態度。康熙26年（1687）儒學教諭黃賜英，就捐出赤山庄下則園十甲，供作學田與師生燈火使用，[12] 藉以吸引漢人來臺拓墾。隨著大量漢人不斷來臺開墾與人口增加，開墾逐漸往周圍蔓延，明治38年（1905）官方《臺灣土地慣行一斑》指出：

> 赤山里山仔腳庄、灣仔內庄、本館庄、夢裡庄、烏松腳庄等，於康熙中葉以後，由中國來台移民向官府請墾無主荒埔，招佃開墾而成的。[13]

聚落多數會選擇圍繞赤山陂周圍開墾，看上是水源需求，這乃取決土地拓墾重要關鍵因素，掌握水資源便能決策聚落發展與開發，由

---

10 高拱乾，《臺灣府志》（臺北：行政院文化建設委員會，2004〔1696〕），頁113。

11 蔣毓英，《臺灣府志》，頁210。

12 李丕煜主修，《鳳山縣志》，頁86。

13 臨時臺灣土地調查局編，《臺灣土地慣行一斑　第壹編》（臺北：臨時臺灣土地調查局，1905），頁84。

第二章　赤山庄地方社會形成

此可知，最好條件便以赤山陂為中心往北邊、西邊、東邊蔓延，圍繞著赤山陂開墾。至於南邊，則是康熙末年，早已成為商業中心的下埤頭街，按《鳳山縣志》所記：「下陂頭街屬竹橋莊。店屋數百間，商賈輳集。莊社街市，惟此為最大。」[14] 從「店屋數百間、商賈輳集」這兩句來看，下埤頭街商業發達，好不熱鬧。

最後，完成於康熙30至43年（1691-1704）的〈臺灣地里圖〉，[15] 輿圖中清楚標示赤山莊。表示清治臺十年間內，官員招募漢人來臺和移民努力開墾，土地需求不足，漸漸往周圍拓墾蔓延，這使人口、土地面積急速增加。再按清代保甲編制10家為一甲，有甲長領之來推算人口，赤山莊於康熙33年（1694）前人口就已有一定數量，以致高拱乾編的《臺灣府志》記載，赤山莊從鳳山縣下轄的觀音、鳳山內分出，並特別標示其地理位置。換句話說，赤山莊最晚於康熙33年人口就達一定數量，並成「莊」發展，有聚落雛形生成。

第二節　赤山庄聚落開發

富田芳郎認為，村落是成群住家，「村」即「群」，「落」是「居住」，為人類集合最小單位。[16] 這是歷史空間內最重要載體，也是小型社會縮影。

傳統農業社會裡，稻米為主要糧食，是重要經濟作物。清代赤山

---

14 李丕煜主修，《鳳山縣志》，頁90。

15 蘇峯楠，〈清治初期臺灣知識地理編製——美國國會圖書館藏〈臺灣地里圖〉略論〉，《歷史臺灣：國立臺灣歷史博物館館刊》，15（2018），頁135-139。

16 富田芳郎，〈臺灣鄉鎮之研究〉，《臺灣銀行季刊》，7（3）（1955），頁85。

庄有明鄭時期官方修築名為「赤山陂」水利設施，康熙中葉來臺移民拓墾奠基下，開啟後續聚落穩定發展；道光年間更受惠曹公圳建置助益，短短五十年內，鳳山平原遍地成庄。

一、水利設施興築

聚落是滿足人類基本需求建立而成，附帶各種營建物，包含人文與環境因素，為地理上具體現象。[17] 水利設施建構與否，能反映出聚落構成完善程度，是地方社會中重要發展指標。

清領初期既有圳道、陂潭、深潭、池塘、水窪等五種水利設施運作下，土地還是屬於旱田樣貌，主因水源多數依賴雨水及有限度埤圳，無法將土地利用達到最大化，有些還是所謂看天田。這狀況持續至道光年間，當時臺、鳳、嘉接壤地區百里多次受到大旱影響。[18] 水資源不足以致旱災四起，而赤山庄內多數旱田，能得以轉變成水田則歸功曹公圳興築。

曹公圳分為舊圳及新圳，為清代臺灣南部灌溉面積最大水圳。道光17年（1837）曹謹任鳳山縣知縣，在幕僚林樹梅規劃與建議下，開鑿水圳引下淡水溪（高屏溪）水源，運用大樹丘陵天然地形高低差異，搭配多處陂塘調節，經二年修築完工，稱為「曹公舊圳」；道光22年（1842）再由鄭蘭（興隆里人）、附生鄭宣治（赤山里人），開鑿新圳，三年後完工，稱為「曹公新圳」。依《鳳山縣采訪冊》所載：

17　胡振洲，《聚落地理學》（臺北：三民書局股份有限公司，1977），頁1-9。
18　不著撰人，〈曹公圳記碑〉（1971年立於曹公祠右側）。

第二章　赤山庄地方社會形成

> 曹公新圳，在小竹、赤山、觀音三里（上游小竹、中游赤山、下游觀音），縣東北九里，源引九曲塘（一名五鳳陂、一名曹公圳頭，水從淡水溪欄圍而入，分南北支入新舊圳，每年一築），北支水入圳兼納三溝（湖底、仙草埔、新陂內），西北遞分十支，入八圳（岡山仔、內埔仔、蜈蚣、竹圍仔、興化厝、赤山瓣、灣仔內、大將廟瓣）、兩陂（國公厝、嘉棠陂），本支徑注下草潭，長十五里，灌田六十甲。[19]

曹公新圳開鑿後，分南、北兩支線各入舊、新圳，總長度十五里，依序向西北方注入八條新圳，搭配幾處陂塘進行調節水源用，本支流最後流入下草潭。此條水圳造就小竹里、赤山里、觀音里、興隆里更大面積灌溉，範圍為當今鳳山、仁武、鳥松一帶。那赤山里灌溉水源頭從何來？其中：

> 火光圳，在赤山里，縣西北五里，源受公爺陂（按此陂總名公爺陂，其出納處另名草陂，源由鳥松腳圳分支，過雙頭、漏溝，乃入此陂），過龍喉瓣（按此瓣即鑿龍喉山三十餘丈，以通水道者），西北行分注山仔腳、拔甲、赤山頂三圳，本支下注林內陂，長三里許，灌田一百二十甲。[20]

顯然，赤山里水源來自公爺陂，透過開鑿龍喉瓣，各別依序由西北方至南，注入山仔腳、拔甲與赤山頂三圳，而赤山聚落與外圍的外甲聚落，則受益赤山頂圳的開鑿：

19　盧德嘉纂輯，《鳳山縣采訪冊（上）》，頁118。
20　同上註，頁120。

> 赤山頂圳，在縣西北五里，源由火光圳下游分支，南行四里許，至外甲尾，下注外濠溝，溉田一百三十甲。[21]

原先此地多處旱田因赤山頂圳灌溉，轉為「水田化」，快速增加種植面積。

雖然赤山庄得惠三條水圳開鑿，使聚落如點狀般朝西南方逐漸拓展，但庄民普遍認為曹謹開鑿龍喉瓣，使此地風水遭破壞，庄內至今還流傳一段「曹公鬥龍母」[22]民間傳說故事。不過，原先公爺陂內水源本就為雨水匯集，早在明鄭時期就曾用以灌溉周圍土地，曹公新圳接引，只是增加陂內水源續存與調節，而龍喉瓣開鑿，促使南邊與西南邊更大範圍土地能以灌溉，讓庄民一年四季不再受乾旱困擾。

此外，赤山聚落東北方，尚有三苞竹陂與吊燈陂兩處天然埤塘。[23] 三苞竹陂位在草陂周圍，陂塘不大，源頭來自雨水匯集，當今

---

21 盧德嘉纂輯，《鳳山縣采訪冊（上）》，頁 120。

22 相傳赤山丘陵為一條龍脈，龍喉瓣是龍的咽喉（當今長庚醫院位址），此處為大埤與草埤的出水口導引位置，用以灌溉赤山農田。道光年間曹公圳的開鑿到這，頻頻發生奇事，不論每天幾千名工人努力在龍喉瓣挖出幾千擔的土方，隔天竟然都會原封不動地填回，連曹謹親自開挖隔日還是一樣，以致工程耽擱。某天半夜曹謹與工匠躲在周圍樹林，直至半夜聽到住在龍穴內的龍母對龍子說：「只要水圳開鑿，我們龍脈與千年道行會被一分為二。」龍子回：「沒有人可以擊敗我們。」龍母應：「切記！除非用銅針染上黑狗血往我們咽喉刺進去。」隔日曹謹派人執行，雙龍身受重傷倒下，也造往常一樣進行工程不受阻礙。參見王志誠，《在夢境的入口：高雄民間故事集》（高雄：高雄市政府文化局，2007），頁 102-116。

23 三苞竹陂：「三苞竹陂，在赤山裏，縣北五里，周里許，源受雨水，溉田六甲。」吊燈陂：「吊燈陂，在赤山裏，縣北二里許，周里許，源受本山雨水，南行至北門洋，下駐松仔陂，溉田二十甲。」參見盧德嘉纂輯，《鳳

已填平消失不存在，早期多用以灌溉周圍。吊燈陂則位於赤山聚落東北方，與西邊草陂隔著吊燈陂山，水源從山麓往東匯流於此，原先為一季水田，因地勢低窪，逢雨必積，故又稱漲皮湖；休耕時會作為埤塘蓄水，以供次年旱季，用以灌溉赤山聚落南方土地，支流最後注入松仔陂（圖 2-4、2-5、2-6）。

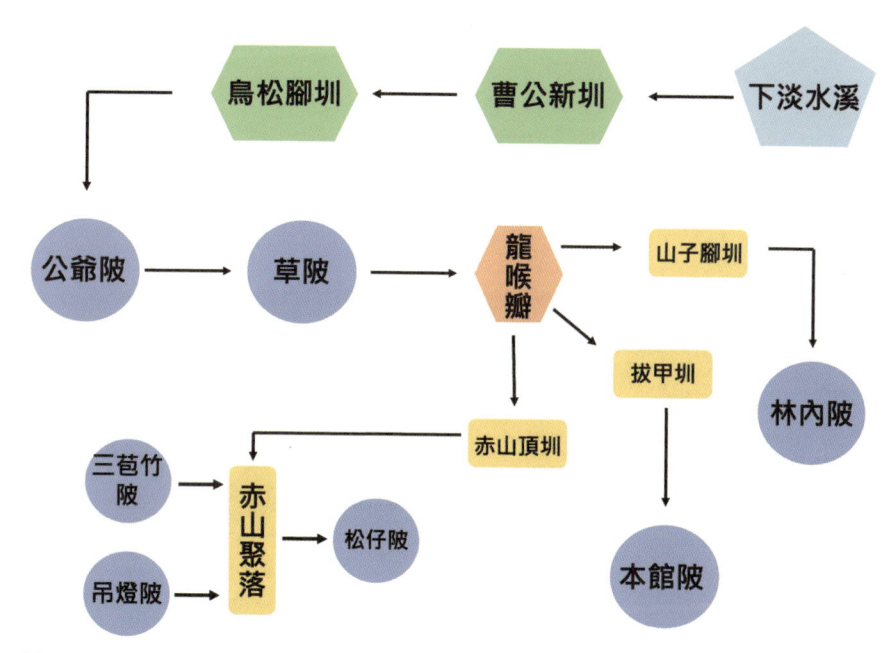

圖 2-4　赤山聚落曹公新圳灌溉流程示意圖
說明：藍色為埤塘，綠色為圳道，黃色為聚落與分出圳道。
資料來源：吳振豐繪製。

山縣采訪冊（上）》，頁 147。

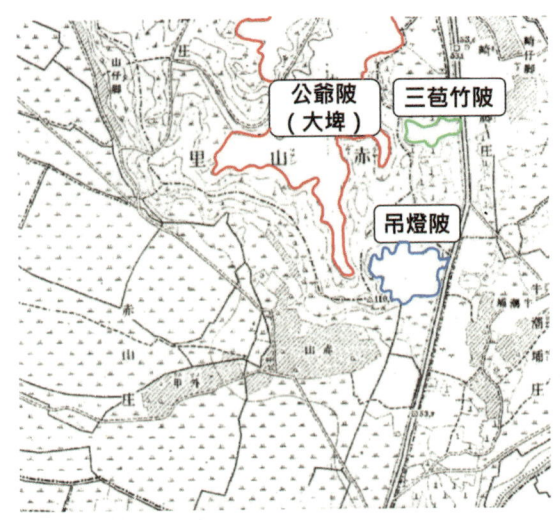

圖 2-5 赤山聚落周圍埤塘分布圖

資料來源：日治二十萬分之一臺灣堡圖，引自中央研究院人社中心GIS專題中心（2020）。[online] 臺灣百年歷史地圖。吳振豐繪製。

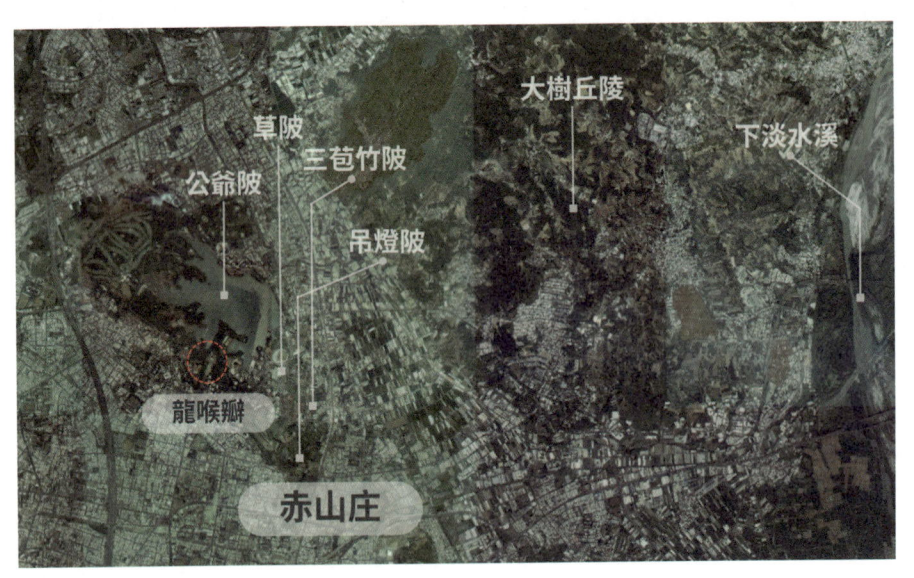

圖 2-6 當今赤山庄埤塘標示圖

資料來源：臺灣通用正射影像【NLSC】，引自中央研究院人社中心GIS專題中心（2020）。[online] 臺灣百年歷史地圖（本圖層資料為內政部國土測繪中心提供）。吳振豐標示。

第二章　赤山庄地方社會形成

　　清代埤圳有著八種興建模式，曹公圳採用「全庄眾田主田甲攤分合築」，這是按照田甲多寡來分攤修築資金。新、舊圳興築和所有權有所差異，舊圳按田甲攤每甲25元，不足由仕紳、富豪義捐，圳底權屬各甲首與地主所有，推舉一人當總理；新圳則攤地主每甲25元，甲首15人引薦一人為總理，圳底權屬地主。[24] 甲首之責主要負責配水、放水，新、舊圳甲首遴選有所分別，舊圳甲首為開鑿有功或捐獻金額者，負責水租收取、圳路修繕為世襲制，共35人；新圳甲首為總理派用，負責巡視、監視配水，共12人。[25] 收取水租費用，用來支出維護水門修繕、各聘僱人員薪貼、曹公廟及水仙宮祭祀等固定開銷。[26]

　　新圳完工後，土地成水田化，農作物種植需求變得更全面，鳳山縣內除水田稻作外，蔗糖耕作也大量增加。咸豐年間，外商直接於打狗港收購大量蔗糖外銷，並設置貿易中心，同治至光緒年間，打狗地區糖輸出總量占全臺的九成以上。[27] 當時下埤頭街已經成為商業經濟中心，擁有特殊地理位置條件，水、陸運皆匯集於此，更是灣澳、圳道系統交會運輸樞紐中心，各商品可從城內送往他處，像是陸運由北門出經西北轉往府城，水運由下淡水溪渡口送往東港，再轉往打狗

24　王世慶，〈從清代臺灣農田水利的開發看農村社會關係〉，《臺灣文獻》，36（2）（1985），頁119-120。

25　臨時臺灣土地調查局編，《臺灣土地慣行一斑　第貳編》（臺北：臨時臺灣土地調查局，1905），頁579-581。

26　臺灣慣習研究會，〈圳務關係の職員名稱及び職責〉，收於臺灣慣習研究會編，《臺灣慣習記事　第壹卷》，頁27-29。

27　洪啟文、吳連賞，〈高雄市灌溉系統開發與區域發展之相關分析〉，《地理學報》，60（2010），頁144-145。

港、安平港。[28]

　　日治初期政府以米、糖作為經濟發展作物，水利設施成關鍵重點，當局想憑藉國家力量來主導民間水利組織，藉此掌握龐大水資源效益。首先官方發布16條的〈臺灣公共埤圳規則〉，[29] 把具規模埤圳指定為公共埤圳，所有一切需經官方核准，設置管理人作為對外代表人，造冊提報收支預算，開啟水權公共化與法制化時代。

　　官方政府多次介入曹公水利組織，干涉民間水圳從私有化轉向公有化，將原來制度和組織改變、整併、限制。[30] 不過，舊有綿密底層難以撼動，直到大正9年（1920），原先業主才被公共埤圳組合收購，更改成曹公水利組合水權，正式納入政府旗下。[31] 成為曹公水利組合後，官方對水利事業範圍掌握逐漸擴大，民間用水管控更加嚴密，除業主被組合收購外，赤山兩埤原四庄共同公業亦被納入水利組合旗下。據昭和10年（1935）《臺灣日日新報》報導，大埤住民為贌耕問題向高雄州知事提出陳情，因兩埤在大正3年（1914）以前，本就為大埤、山子腳、林內、鳳山街赤山四部落先代占有公業，稱四合號；大埤仰賴兩埤作為漁獲、耕地和飲用，其他三者作為振興農業，

28　林孟欣，〈清領時期鳳山地區水利社會的形成與發展〉，《高雄文獻》，2（4）（2012），頁10-11。

29　「臺灣公共埤圳規則」（1901年7月4日），〈明治34年7月臺灣總督府報第981期〉，《臺灣總督府（官）報》，國史館臺灣文獻館，典藏號：0071010981a001。

30　林俊彬，〈日治初期官民之間曹公新圳水利社會的再運作〉，《高雄文獻》，2（4）（2012），頁87-95。

31　「高雄州管內ノ公共埤圳組合ヲ水利組合ト為スノ件」（1924年4月20日），〈大正13年4月臺灣總督府報第3214期〉，《臺灣總督府（官）報》，國史館臺灣文獻館，典藏號：0071023214a001。

日治初期以林長、謝考、張賜和王山東作為管理人,爾後經林、謝死亡,張、王無條件贈與水利組合。[32] 王山東為鳳山郡鳳山街協議員,與官方關係密切,早在此前就擔任公共埤塘曹公圳組合會議員。[33] 而兩人為何無償贈與曹公水利組合,目前文獻尚不足深入探究。

不過,官方會想納入兩埤,主要此為曹公新圳灌溉水源儲存之處。按《臺灣日日新報》報導,大正7至12年(1918-1923)間,鳳山地區發生多起旱害,除農田、蔗園無水可用外,連居民飲用水皆無,所幸透過赤山庄內大埤與草埤引水灌溉得以解決。[34] 確實,大埤與草埤作為曹公新圳多處圳頭支流匯集處,赤山庄與周圍庄頭,全仰賴兩埤水源以此灌溉,如欲獨攬此處水資源,必定能藉此掌握地方水利社會與背後龐大經濟利益,不難看出官方用意與理由。

水利組合成為官方組織後,最大差異為地方引水灌溉需經水利組合同意,才得以放行,不像以往水權為民間所管轄。最顯著案例為昭和8年(1933)《臺灣日日新報》報導鳳山地區遭逢旱害,上千甲土地看天田,四千多甲水田雖由既有埤塘、九曲堂水灌溉,卻無長遠之計,當時農民召開會議、設壇祈雨或向水利組合提出要求,最後都無下落。[35] 甚至,到日治後期,日本政府為發動太平洋戰爭,因應工業

---

32 〈大埤住民五十餘名　就兩埤被組合轉贌苦情　陳情于西澤知事〉,《臺灣日日新報》夕刊(1935年2月6日),第4版。

33 〈五州二廳管內の街庄長及協議員(七)高雄州管內〉,《臺灣日日新報》日刊(1920年10月13日),第4版。

34 〈鳳山旱害〉,《臺灣日日新報》日刊(1918年10月18日),第4版;〈鳳山旱魃飲用水は缺乏甘蔗は枯死〉,《臺灣日日新報》日刊(1923年5月27日),第9版。

35 〈鳳山旱害　小雨不濟於事〉,《臺灣日日新報》日刊(1933年9月5日),第8版。

用水供給問題，在鳥松庄大埤設立儲水池，藉由工業水道鋪設送往前鎮戲獅甲工業區。[36] 曹公水利在高雄地區影響程度甚高，不管過去與現在，水資源之於官方、居民強烈重要性和需求性，讓官方更想掌握水利組織，藉此影響力以扎根進地方社會中。

二、聚落發展脈絡

赤山庄經過明鄭時期官方對公爺陂興築，再到康熙中葉大量漢人來臺土地拓墾助益下，至康熙末年聚落大致底定成形，乾隆 27 年（1762）王瑛曾《重修鳳山縣志》記錄：

> 赤山，在赤山莊，縣東十里。山不甚高，紆回曲折，圓秀美麗。土多赤色，鮮樹木。鄉村環麓而居。[37]

康熙末年開墾赤山陂周圍，聚落有逐漸往北發展情勢，由「鄉村環麓而居」可獲知赤山莊內聚落描述與地點線索。需注意到，當時赤山莊偌大，今三民區、鳥松區、仁武區全是赤山莊旗下範圍，這邊所謂「鄉村」並非指固定單一聚落地點，而是泛指整個赤山陂周圍拓墾聚落總稱。

另外，從赤山文衡殿內珍藏一塊乾隆 9 年（1744）〈廉明德政去思碑〉碑文上所記，亦能得知聚落發展線索（圖 2-7）：

---

36 〈百五十萬圓を投じ工業用水道を敷設伸びる高雄の工業地帶〉，《臺灣日日新報》日刊（1939 年 4 月 8 日），第 5 版。

37 王瑛曾主修，《重修鳳山縣志（上）》（臺北：行政院文化建設委員會，2006〔1764〕），頁 70。

圖 2-7　廉明德政去思碑
資料來源：吳振豐拍攝。

　　本縣主太老爺鄒　江南望族科甲名賢蒞鳳三載保赤時懷□□□弊，鐵面冰心，恩澤及民，筆墨難罄。至如本邑屬興隆、赤山、觀音、半屏四庄接壤，公留赤山高阜處所，以為牧地塚山。雍正四年被許俊占墾。

　　太老爺蕭　飭止在案。近遭生員錢登選頂買復占，通庄公呈……

　　廉憲太老爺鄒　親勘斷還，併批示：「錢登選詞稟詞讖語開賣此業，帶課不過三石六斗八升，配田原屬無幾，從前許俊於山窩已墾二甲有餘，業經興隆、赤山等庄子民，在　蕭前縣任內具呈批定禁止，將現墾者聽許姓管業，其荒地應作

各庄公共牛埔，歷年暨久。該生買後，欲再墾餘地，致滋訟端，且本縣勘明此處官山頗多，該生豈能盡占，殊屬不合。著照許姓賣出時，墾就原地管業，毋得復生覬覦取咎。」煌煌

憲語，炳若日星。茲逢榮遷，攀轅無自，僉情勒石，以誌甘棠不朽云。

乾隆九年九月　日　邑屬半屏、興隆、赤山、觀音子民仝立[38]

前段引文，講述雍正4年（1726）名為許俊占領興隆、赤山、觀音、半屏四庄相接處赤山高阜處，本為四庄共同牧牛與墓地的二甲多公有地，被當時縣令太老爺蕭阻止，[39]許氏將其賣給生員錢登選，錢氏罔顧禁令又再度開墾此處，爾後，鄒太老爺嚴加禁止，以維護四庄庄民權益。此碑為最早、最詳細有關赤山莊內開發記載，庄民用以紀念縣爺其廉名德政，見證雍正至乾隆年間，赤山莊土地拓墾過程。簡炯仁認為「公留赤山高阜處所」，為當今大灣山，因處左營埤頭與下埤頭街往來必經之地，[40]這看法尚值得討論。能確定是，康熙中葉來臺移民申請前往赤山陂周圍墾荒，至雍正年間土地逐漸往周邊擴散，因土地不足以致保有公留地之使用。

38　不著撰人，〈廉明德政去思碑〉（乾隆9年〔1744〕九月落款，現今立於赤山文衡殿）。

39　蕭太老爺為蕭震，雍正元年任鳳山知縣；鄒縣老爺為鄒承垣，雍正11年（1733）的進士，乾隆6年（1741）調任鳳山知縣。參見盧德嘉纂輯，《鳳山縣采訪冊（上）》，頁236。

40　簡炯仁，《高雄縣的開發與族群關係》（高雄：高雄縣立文化中心，1998），頁162-168。

那當今所指赤山聚落文山、文英、文德、文衡、文福、文華里等範圍，是於何時形成？按〈乾隆臺灣輿圖〉中透露幾點訊息來分析，推斷應是乾隆53年（1788）以前，此地就已有聚落生成。首先，圖上顯示左營舊城築起城牆，東南邊荒地有開墾痕跡，但下埤頭尚未築城。從時間點來看，乾隆51年（1786）莊大田響應林爽文，率眾攻陷鳳山縣城，舊城遭到嚴重焚毀、破壞，乾隆53年（1788），縣治才從舊城遷移至下埤頭街，以莿竹圍城。

　　其次，圖上清楚標示赤山庄所在位置，以及劃有左營舊城通往鳳山下埤頭三條人、畜行走通行步道虛線，能看出赤山庄重要性。一是北而南分別稱作雙城小路，由舊城北門而出，經新莊仔庄、覆鼎金庄、山仔腳庄街往赤山庄最後進入下埤頭；二為雙城大路由舊城東門經灣仔內庄、寶珠溝、外甲庄、赤山庄再入下埤頭；三是雙城南路則由舊城南門渡漯仔底、三塊厝再到下埤頭城。其中，雙城大路作為兩城來往主要路線，故又稱「雙城古道」。[41] 赤山庄坐落雙城古道交界上，聚落雖位在城外，但因有絕佳地理位置優勢，為左營舊城與鳳山新城來往必經之地，進而造就聚落穩定快速發展（圖2-8）。

　　道光年間曹公圳完工，讓高雄平原能大量灌溉，墾植面積急速增加，透過修築圳道技術，高屏溪水得以集中至公爺陂這天然埤塘，水資源更為充沛，此舉更將原先荒地轉換成良田，聚落發展逐漸往西方與西南方蔓延開來。清末曾實施土地清丈，原先赤山庄升格改制為

41　林明璋，〈從古圖資推測清末鳳山縣雙城古道之位置〉，《環境與世界》，17（2008），頁57-82。〈乾隆臺灣輿圖〉又稱〈臺灣地圖〉，可參見國立故宮博物院「典藏精選」網站瀏覽。網址：https://theme.npm.edu.tw/selection/Article.aspx?sNo=04001051#inline_content_intro（最後瀏覽日期：2024年10月29日）。

「赤山里」下轄 23 個聚落，依《鳳山縣采訪冊》內記載：

圖 2-8　雙城古道周圍聚落標示圖

資料來源：日治二十萬分之一臺灣堡圖，套疊臺灣通用電子地圖【NLSC】。引自中央研究院人社中心 GIS 專題中心（2020）。[online] 臺灣百年歷史地圖（臺灣通用電子地圖圖層資料為內政部國土測繪中心提供）。吳振豐繪製。

> 赤山里，在縣治北方，距城二里，轄莊二十三。赤山莊、寓潮埔、後莊仔、陂墘莊、外甲莊、崎仔腳、鳥松腳、大腳骸、夢鯉莊、竹園仔、米香店、仙草埔、濫埔莊、蒲尖園、十九灣、大陂莊、山仔腳、本館莊、林內莊、灣仔內、國公厝、新陂內、大邱園。[42]

土地面積相比早期增加許多，涵蓋範圍相當今日三民區東半部、鳳山

42　盧德嘉纂輯，《鳳山縣采訪冊（上）》，頁 51。

區與鳥松區等地。由此可知，短短五十年間，赤山里各地聚落如點狀般快速成長，而清末赤山庄內又再分出後庄仔（後莊仔）、下頭角（外甲莊）二處聚落角頭（前引筆者所加底線處）。

那赤山庄人口數量？據明治年間首次人口普查，當時赤山庄已有163戶紀錄。[43] 然日治時期幾次地方行政區劃調整，行政區域亦有所差異。明治34年（1901）全臺廢縣增設廳，赤山里被劃入鳳山廳內，再至大正9年（1920）廢廳為州，設高雄州鳳山郡，赤山里所轄範圍產生巨大變化，多處聚落劃分為鳥松庄，原先後莊仔、外甲莊聚落則納入鳳山街大字赤山內，形成今日所見赤山庄內三大角頭的格局（表2-1）。

表2-1 赤山庄行政沿革

年代	時間	地區	行政劃分
清代	康熙24年（1685）	赤山庄	鳳山縣下轄鳳山莊
	康熙33年（1694）		鳳山縣下轄赤山莊
	道光24年（1844）		將赤山庄改為赤山里
日治	明治34年（1901）		廢縣增設廳，赤山里劃入鳳山廳內
	大正9年（1920）		廢廳為州，設高雄州鳳山郡
戰後	民國34年（1945）		鳳山郡改名為「高雄縣」
	民國40年（1951）		赤山里更改為「文山里」
	民國43年（1954）		文山里、文英里
	民國74年（1985）		分出文德里、文華里
	民國87年（1998）		分出文衡里、文福里
	民國99年（2010）		高雄縣市合併，鳳山市改為鳳山區

資料來源：鳳山市區公所網站，網址：https://reurl.cc/qOl74D。

---

43 臨時臺灣戶口調查部，《明治三十八年臨時臺灣戶口調查集計原表》（出版地不詳：臨時臺灣戶口調查部，1907），頁150。

(一) 赤山莊（頂頭角）

頂頭角是赤山三大角頭之一，北邊與後莊仔相聯，為最早發展聚落，今屬文山里範圍，聚落內鄭、林、許為大姓。據鄭溫乾調查，當今赤山地區是遷村過新地點，早期赤山庄在試驗所北麓，圍繞著小貝湖而居，因瘟疫外移而牽至南邊此地，山坡地還能挖到屋瓦碎片。[44] 這為鄭氏民國88年（1999）口訪，礙於當初接觸人士已過往，文獻不足情況下，無法延伸做討論。但就前章節所討論，清代赤山庄掌握赤山陂水資源，使得土地快速拓墾與維持聚落發展，赤山庄極有可能經歷過遷庄。

此外，圖2-9中可以看出赤山聚落分布與紀錄，特別是赤山文衡殿正前方，清末時期似乎有聚落在此。另據筆者實際田野走訪，此處應為庄內人所稱「赤山高路」[45]，地勢相較於周圍高出許多，且由東北往西南依序而下。戰後因都市計畫開發而遭剷除消失，但尚能從路基清楚看出曾經有鐵道鋪設紋理。

(二) 後莊仔（後庄仔）

後庄仔為赤山三大角頭之一，當今文德里範圍，文育街以北，南邊與赤山頂頭角庄頭緊連，多為林姓，地方上又將此處合稱為「赤山聚落」。後庄仔由來有兩種說法，一為顧名思義是村子後面意思；二是此處位在赤山庄廟文衡殿後方庄頭。

後庄仔聚落何時形成無法得知，能確定清末時聚落就已大致抵

---

44 鄭溫乾，《鳳山市赤山社區採訪冊》（高雄：鳳邑赤山文史工作室，1999），頁192-193。

45 日治末期總督府因應二戰需要，興建鐵路從十九灣火藥庫途經赤山再到港區，用意為運串連起各地重要軍事設施。

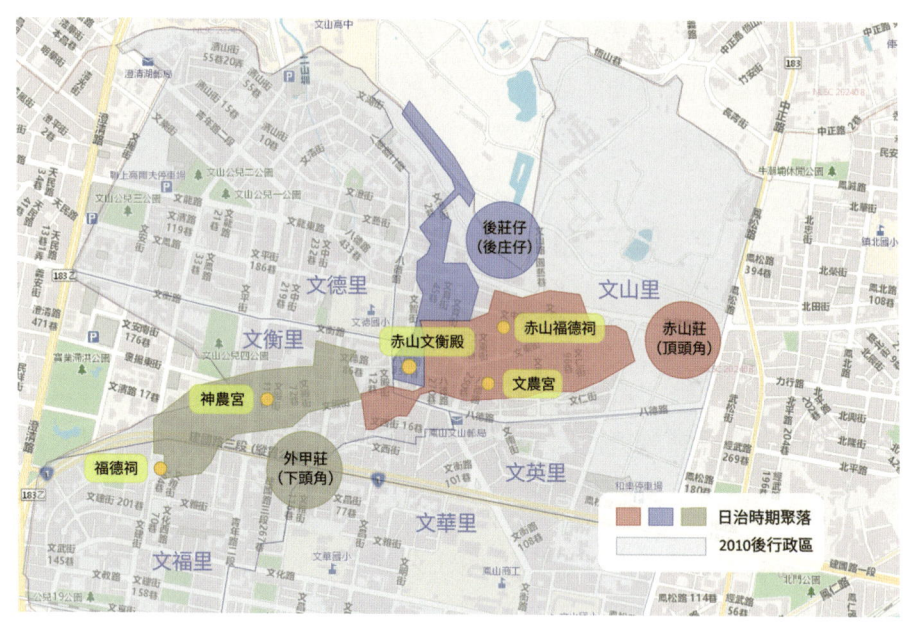

圖 2-9　赤山聚落三大角頭及信仰分布圖

說明：以臺灣通用電子地圖【NLSC】為底圖，參考日治二萬分之一台灣堡圖（高精度）及行政區_村里界【NLSC】。

資料來源：引自中央研究院人社中心 GIS 專題中心（2020）。[online] 臺灣百年歷史地圖（標示【NLSC】之圖層資料為內政部國土測繪中心提供）。吳振豐繪製。

定。早期聚落內多數為傳統自然村樣貌，但受到昭和 14 年（1939）臺灣總督府農業試驗所鳳山熱帶園藝試驗支所設立關係，聚落北邊多數土地被強制徵收，居民被迫搬遷，加上近二十年來都市計畫更新，多為新興大樓相繼林立，如今已無傳統聚落樣貌。

（三）外甲莊（下頭角）

　　赤山三大角頭之一下頭角，清末此處稱為「外甲」，意指分支到

外面的村莊。[46] 位於赤山聚落西南方庄尾,約今文衡里、文福里兩里。早期周圍全是農田,居民多從事務農,人口數不比頂頭角、後庄仔多,庄內以謝姓、丁姓為大宗。

第三節　赤山庄信仰構成

有「人」才有「聚落」,有「聚落」才有「信仰」生成,有「信仰」才有「建廟」可能。地方信仰生成前,需經歷聚落初期長時間建置,劉枝萬將清代寺廟發展分為拓墾無廟初期、聚落建構成長期,以及最後庄社發展期而建廟三者。[47]

在漢人民間信仰中,「廟宇」為主要核心,約可劃分公廟與私廟,地方公廟即為一般地方上常見祭祀神明的廟宇,有著既定祭祀範圍。林美容認為所謂公廟,從地域規模大小劃分為部落、村庄到鄉鎮,依據層級涵蓋土地公廟、村廟、大廟及觀光廟。[48] 地方公廟為當地居民捐獻建造,以作為聚落信仰中心,在菁英、仕紳推行下與地方社會發展息息相關。本節接續赤山地方信仰討論,對庄廟赤山文衡殿、各角頭廟宇,及赤山鸞堂信仰脈絡起源逐一說明。

46　施添福總編纂,《臺灣地名辭書　高雄縣(第二冊)・卷五》(南投:國史館臺灣文獻館,2000),頁 392。

47　劉枝萬,〈清代臺灣之寺廟〉,《臺北文獻》,(直字)4(6)(1963),頁101-102。

48　林美容,《祭祀圈與地方社會》(臺北:博揚文化事業有限公司,2008),頁20。

一、庄廟赤山文衡殿

　　赤山文衡殿是赤山聚落當地信仰中心，當地人稱之為「大廟」，主祀關聖帝君係地方境主，陪祀為關平、周倉、神農大帝、大將公、天上聖母、註生娘娘、王公、福德正神、中壇元帥、馬爺將軍。最早有記載官方文獻為盧德嘉《鳳山縣采訪冊》：

> 在赤山莊赤山，縣西北二里，屋六間額「文衡殿」，光緒九年阮興隆董修。廟租二十八石，銀七十二元。[49]

清末文衡殿廟租已有 28 石、銀 72 元，表示文衡殿具有土地租約及固定租稅收入。清代屯墾稅賦制度下，業主分為個人與社團兩種，祠廟被歸類為社團。[50] 祠廟具有業主身分，提供大、小租給佃農耕作，文衡殿也是。如此這種情形，可能是將土地寄附給文衡殿，由主神關帝爺當「地主」，庄民再成為旗下的「佃農」，藉此種方式納租與賦稅。那麼，租穀 28 石的規模有多大？筆者參酌李文良推估清代下淡水溪粵民，大租業「墾戶盧林李」年收大租穀來換算，[51] 文衡殿清末時大約擁有 3.5 甲左右的耕地。

　　文衡殿會擁有這麼多耕地，原因乃赤山庄相較其他聚落開發得早，乾隆年間早已成庄發展，至清末周圍相繼有外甲莊、後莊仔聚落。不過，這種租戶方式至日治時期卻逐漸消失，明治 31 年（1898）

49　盧德嘉纂輯，《鳳山縣采訪冊（上）》，頁 212。

50　臨時臺灣土地調查局編，《臺灣土地慣行一斑　第參編》（臺北：臨時臺灣土地調查局，1905），頁 21。

51　李文良，《清代南臺灣的移墾與「客家」社會（1680~1790）》（臺北：國立臺灣大學出版中心，2011），頁 26。

總督府對各地社寺廟宇名稱、所屬財產、建立年度與所在地進行全面宗教調查。依其記載文衡殿創立於乾隆年間，其建物面積 78.02 坪、附屬財產田、園各 90.12 畝，以及 2 棟 3 坪、4 坪家屋，甚至有 40 石穀稅收入。[52]

除固定稅收外，特別是文衡殿還有 20 元「赤山殿香燈」固定收入。[53] 會有此收入乃因多數土地位大埤與草埤附近，就近掌握重要的水資源，而曹公新圳支流又匯於兩埤，數支圳道需仰賴其放水供應，加上兩埤於赤山庄內，故由曹公新圳水利組織固定撥款，以作為赤山庄內文衡殿的香油錢。據林美容的調查，早期赤山文衡殿會至大林蒲、汕尾、蚵仔寮刈水香，以招兵買馬，並回庄內運境安置五營，且不收丁錢全依靠油香錢。[54]

直至日治中期，文衡殿土地逐漸減少。按《寺廟調查書》內紀錄：「文衡殿是由赤山庄、鳥松腳庄、山仔腳庄人民建立，土地資產約二甲。」[55] 僅存鳥松腳庄還存在大租戶約，外甲庄則提供土地、香燈稅收。[56] 後續受到大正年間西來庵事件影響，總督府派人多次徹查島內

---

52 「社寺廟宇調」（1898 年 1 月 24 日），〈明治三十二年臺灣總督府公文類纂乙種永久保存第二十七卷戶籍人事社寺軍事警察監獄〉，《臺灣總督府檔案・總督府公文類纂》，國史館臺灣文獻館，典藏號：00000395002。

53 「新圳總理任命ノ件（元臺南縣）」（1897 年 11 月 1 日），〈明治三十年臺南縣公文類纂永久保存第一二一卷內務門殖產部〉，《臺灣總督府檔案・舊縣公文類纂》，國史館臺灣文獻館，典藏號：00009780012。

54 林美容，《高雄縣民間信仰》（高雄：高雄縣政府，1997），頁 229。另丁錢是指祭禮等活動依男丁數徵收分攤的費用。

55 臺南廳，〈赤山關帝廟〉，收於臺南廳編，《寺廟調查書：台南廳》（不詳，1915），無頁碼。國立中央圖書館臺灣分館藏。

56 臨時臺灣土地調查局編，《臺灣土地慣行一斑　第參編》，頁 31。

社寺廟宇,以利管控宗教信仰,文衡殿其擁有土地資產,再加上昭和年間廟體大肆重建,自然吸引到日本官方注意。

　　昭和 7 年(1932)文衡殿由地方人士欲集資重建,設有董事一職。日治時期寺廟管理組成,分為董事、住持、爐主、協理、頭家、顧廟和管理人等,董事一職通常為地方名望之人擔任,可分為臨時與常設兩種,臨時是寺廟新建或修建時選任,主辦工程及財務,完工後解任;常設是管理財產、辦理一切事務,通常置 3 至 5 人。[57] 昭和 12 年(1937)春廟體改建完工,董事李縛曾致贈「文衡聖帝」牌匾作為紀念(圖 2-10)。值得注意是,廟體重建完成同年,總督府正積極實施「寺廟整理運動」,在《臺灣日日新報》用社論指出寺廟整理原因,認為島內以寺廟為中心信仰助長陋習、迷信與過於浪費,會妨礙臺灣教化與皇民化運動推行,避免操之過急破壞臺灣原先信仰,需合理將神像逐漸轉移至神社與皇民信仰。[58]

圖 2-10　1937 年董事李縛致贈「文衡聖帝」牌匾
資料來源:吳振豐拍攝。

57　岡松參太郎著,陳金田譯,《臺灣私法》(第一卷)(臺中:臺灣省文獻委員會,1990),頁 550-552。
58　〈社說:事變下の臺灣と寺廟整理——信仰の革新機運を善導せよ〉,《臺灣日日新報》日刊(1938 年 5 月 18 日),第 1 版。

隔年，鳳山郡舊慣宗教改革委員會，共施行四次計畫廢止多處祠廟。當時鳳山街共有76間廟遭到整理與廢止，443座神像被焚毀，僅留存雙慈亭、明善堂（佛教）、龍山寺、龍成宮、開漳聖王廟、城隍廟等六間祠廟。[59]官方接續再以社會教化為目的，徵收高雄州各地寺廟財產，成立「鳳山郡社會教化助成會」來管理，以達教化導正之目的。[60]藉由寺廟整理將神像銷毀，把寺廟原有財產及建物轉移至官製農事實行組合或鳳山郡社會教化助成會，透過此種方式將身為部落議論中心民間寺廟全部剷除。[61]官方美其名為社會教化目的徵收廟產，實質上對真正社會教化預算花費卻遠遠不及他樣支出，尤其多數花費在建設青年道場。[62]透露出總督府透過寺廟整理與廟產徵收，推行各種政策，以避免人民浪費為由，實際上從中控制人民思想、正式將私有民間廟產，收歸官方所有，以獲取利益、推行信仰監管。

如上所述，日治末期至戰後初期這段時間，赤山文衡殿受到寺廟整理運動影響，再加上原先清代留存土地遭逢鳳山郡教化助成會強

---

[59] 鳳山郡役所，〈社會風潮の一新〉，收於鳳山郡役所，《昭和十五年三月二十五日 部落振興團體研究會發表要項》（高雄州：鳳山郡役所，1940），頁78-84。

[60]〈舊慣や寺廟祠 鳳山で改革 斷乎改善委員會結成〉，《臺灣日日新報》日刊（1938年6月19日），第5版；〈財團組織の下に 寺廟の財產を整理 高雄州鳳山郡に初の許可〉，《臺灣日日新報》日刊（1939年7月9日），第7版。

[61] 陳怡宏，〈臺灣農村的「皇民化」——高雄州「部落」社會教化團體的運作〉（臺北：國立臺灣大學歷史學系博士論文，2014），頁172。

[62] 鳳山郡役所，〈重なる事業〉，收於鳳山郡役所，《昭和十五年三月二十五日 部落振興團體研究會發表要項》，頁89。昭和14年（1939）總預算652,764圓，社會教化100圓、寺廟修繕500圓、寺廟祭祀費250圓，卻花費55,000圓興建青年道場，顯示總督府藉由寺廟徵收，將財產收歸國有。

制徵收，以致香火中斷多年，廟內幾乎呈現荒廢樣貌。然戰後初期又有國民政府軍眷撤離來臺占據，以廟內為家，直至誠心社明善堂民國43年（1954）進入庄內設立，寄祀赤山文衡殿後，仰賴堂生協助廟內大小管理與祭儀事項，香火才逐漸復甦。

民國86年（1997）赤山文衡殿重建完成（圖2-11），廟方正式成立管理委員會，而誠心社明善堂重回廟內後，模式亦從原先寄祀轉為共祀，雖然雙方各自有管理組織，但廟內的大小祭儀還是沿用往常交由堂生負責。雖是如此，廟內一年之中祭儀甚多，僅有正月十三日、五月十三、六月二十四日關恩主聖誕或正月初九日天公生，廟方執事們才會一同參與誠心社明善堂子時於大殿舉行祭聖典禮。

圖2-11　赤山文衡殿
資料來源：吳振豐拍攝。

除此之外，赤山文衡殿會於每年正月十五日前擲筊選爐主，固定每月農曆十六日有犒兵儀式，而民國50、60年代曾經有乩童，但近二十年來已無，故廟內神祇如有所指示，會透過誠心社明善堂來降鸞告知。至此，赤山文衡殿與誠心社明善堂在信仰與儀式的互動關係下，形成鸞堂與公廟在地方社會裡共祀之獨特模式。

二、地方角頭廟宇

（一）神農信奉

神農大帝又稱五穀王，民間信仰中是掌管醫藥與五穀糧食的守護神。赤山庄是傳統農業自然村，聚落有文農宮與神農宮兩間主祀神農大帝廟宇，且都為角頭廟，分別座落頂頭角和下頭角內，各自成為兩個角頭居民的信仰中心。

1. 文農宮（頂頭角）

文農宮位於頂頭角，主祀神農大帝、神農二帝、神農三帝（開基祖）、神農四帝、神農五帝，陪祀註生娘娘、福德正神、中壇元帥，赤山人又稱「老祖廟」，是赤山庄角頭廟宇，頂頭角人的信仰中心（圖2-12）。

文農宮主神神農大帝，原為頂頭角邱家人所祭祀，是由大社青雲宮分靈而來。係因邱吉身染重病，其兄長邱發聽聞三奶壇神農大帝用藥神準，特向青雲宮請令旗回家供奉，而後雕塑金身，於大正7年（1918）農曆二月二十二日回大社青雲宮開光，便安置於邱家中祭祀。[63] 早期醫療資源不發達，赤山庄民都會將開基三祖請回家中祭

63　余玟慧，〈高雄縣神農大帝信仰之研究〉（臺南：國立臺南大學臺灣文化研

第二章　赤山庄地方社會形成

圖 2-12　文農宮（頂頭角）主祀神農大帝
資料來源：吳振豐拍攝。

祀，以求保佑。因此，文農宮開基三祖長期不在宮內坐鎮，而是受到庄民擁護輪流祭祀。

　　1970 年代受到賽洛瑪颱風重創南臺灣，邱家三合院古厝遭到吹毀，庄內信徒發起建廟，提議邱家將開基三祖金身捐出，供給庄民祭祀參拜，坐向也從原先坐東朝西改成坐西朝東。當時建廟的籌建委員，乃頂頭角地方人士，且多為時任誠心社明善堂堂務幹部所組成，[64] 民國 90 年（2001）又因廟體老舊，雨季即逢漏水，故由第二屆管理委員決議整修。[65]

　　值得注意是，文農宮與誠心社明善堂關係密切，民國 76 年（1987）因赤山文衡殿重建，誠心社明善堂曾暫時遷移至此，借用宮內空間扶鸞七年之久，廟裡祭祀亦由堂生協助進行，時至今日，舉凡神農大帝聖誕科儀與宮內七月普度，還是由誠心社明善堂負責。廟

究所碩士論文，2009），頁 65-66。
64　不著撰人，〈鳳山市文山里文農宮重建誌銘〉（1973 年立於文農宮左側）。
65　不著撰人，〈鳳邑文山里文農宮沿革〉（2001 年 3 月 7 日立於大殿右側）。

內採用管理委員制，主委為前縣議員錢俊暐，其亦為赤山文衡殿董事長；多數委員則為地方菁英人士和邱家人士所任之，因土地產權關係，至今尚未取得合法寺廟登記。

2. 神農宮（下頭角）

神農宮位於下頭角，是居民信仰中心。主祀神農大帝（大祖、二祖、三祖、四祖、五祖），陪祀註生娘娘、福德正神、中壇元帥、黑虎將軍，原祖分靈來自三奶壇大社青雲宮，但其原先開基金身因日治末期遭到寺廟整理運動而消失（圖2-13）。此處為赤山聚落庄尾，戶數不多，以耕農為主，謝姓、丁姓是主要聚落大姓，早期隸屬文英里，當今行政區域細分為文衡里、文福里。

神農宮早期為謝家私佛，民國71年（1982）由多屆鳳山市民代表黃振火（誠心社明善堂堂生）擔任籌備委員主委，謝、丁姓地方家族捐獻土地，發起建廟。[66] 主要祭祀活動為三月十六日神農大帝聖誕，會卜爐主與頭家三、四人，每月十六進行犒軍儀式，每三年六月

圖2-13　神農宮（下頭角）主祀神農大帝
資料來源：吳振豐拍攝。

66　不著撰人，〈下頭角神農宮史蹟紀念〉（1983年4月28日立於大殿右側）。

十五會至大社青雲宮進香，回來後於下頭角運境、安五營，七月會固定舉辦中元普度。⁶⁷

（二）土地公祭拜

傳統農業社會，土地公為常見民間信仰，乃街庄、土地、農田守護神，與聚落關係密切，多為聚落發展初期即奉祀祭拜。赤山身為傳統農村聚落，居民多數從事務農，對土地公信仰勢必尊敬崇拜之。庄內有兩座福德祠，分別座落街頭庄尾兩處角頭，在通往外圍重要道路上，皆是當地庄民信仰中心。

1. 赤山福德祠（頂頭角）

赤山福德祠主祀福德正神，與文農宮座落同條街上。庄內居民多數務農，而土地公身為農田和土地守護神，亦因此成為信仰中心（圖2-14）。赤山福德祠何時創建無確切紀錄，據耆宿相傳，肇始清光緒

圖 2-14　赤山福德祠（頂頭角）主祀福德正神
資料來源：吳振豐拍攝。

67　林美容，《高雄縣民間信仰》，頁 230。

20年（1894）間，大正5年（1916）曾建廟。[68]

　　民國80年（1991）廟方以新臺幣117萬購得周圍土地所有權，隔年由地方仕紳、誠心社明善堂堂生組成管理委員會，並完成寺廟補辦登記，鑑於此處地勢低窪遇雨即積，加上主體建築年久失修，地方發起捐款，於民國89年（2000）重建完工。[69]

　　早期尚未成立管理委員會，是由誠心社明善堂堂生歐寶鳳女士義務管理，後續再由地方菁英鄭來富（前里長）、歐國南（現任鳳山農會理事長，歐寶鳳兒子）相繼接手，當前為管理人制度。重建後赤山福德祠管理逐漸完善，每到初一、十五香火鼎盛，廟內擠滿從事業務性質民眾前來祭拜，更因早期委員多為頂頭角人與堂生擔任，故祭聖科儀，都由誠心社明善堂堂生協助進行，至今如此。

2. 福德祠（下頭角）

　　福德祠（下頭角）座落「外甲」，地理位置特殊，是清代往來新舊兩城必經之地，當今能從寺廟前方道路看出清代紋路，建立於何時不可考，清代方志與日治調查皆無紀錄可循。早期供奉土地公牌位，戰後因下頭角人口數不多，導致年久失修香火中斷，民國79年（1990）才由管理人張金鈴、謝元和、丁水生三人重新修繕。[70] 今每逢初一、十五人潮絡繹不絕，香火興盛，香客多為附近商家或從事業務性質工作民眾前來祭拜（圖2-15）。

68　不著撰人，《高雄縣宗教之美專書（上冊）》（高雄：高雄縣政府，2010），頁586。

69　不著撰人，〈鳳邑赤山福德祠沿革〉（2000年8月立於外側牆壁）。

70　鄭溫乾，《鳳山市赤山社區採訪冊》，頁45-50。

第二章　赤山庄地方社會形成

圖 2-15　福德祠（下頭角）主祀福德正神
資料來源：吳振豐拍攝。

三、赤山鸞堂信仰起源

臺灣鸞堂信仰脈絡起源，大致可追溯至清末日初，學界對此有眾多討論，像是一元論、二元論到多元論，[71] 全是當今對鸞堂脈絡整理而出看法。但不論是哪一種系統脈絡，皆與清末鴉片吸食社會現象脫離不了相關聯。

明治年間受煙癮所苦的彭樹滋、彭殿華兩兄弟，從廣東引入扶鸞設立明復堂，用以戒除鴉片。[72] 戒菸成功廣效，加上總督府相繼調漲鴉片價格，以及煙膏品質不良，讓原先吸食者興起戒斷念頭，種種情況疊加下，各地鸞堂廣設，帶起扶鸞戒煙風潮。對此，日人認為乃迷信。[73] 這股民間自主性戒煙運動，影響勢力極大，但隨後受到總督府

71　王世慶，〈日據初期臺灣之降筆會與戒烟運動〉，頁 113；鄭志明，《臺灣民間宗教論集》（臺北：學生書局，1984），頁 99-101；宋光宇，〈清末和日據初期臺灣的鸞堂與善書〉，《臺灣文獻》，49（1）（1998），頁 1-18。

72　彭彥秦，〈竹塹樹杞林地區彭開耀家族發展史（1768-1945）〉（臺北：國立政治大學歷史學系碩士論文，2021），頁 128-130。

73　臺灣慣習研究會，〈鸞堂彙報〉，收於臺灣慣習研究會編，《臺灣慣習記事第壹卷》，頁 87。

強力介入，鸞堂戒煙運動才終止。

不過，從各項既有相關資料來看，赤山庄在清代與日治時期都未有鸞堂信仰紀錄。據張有志對高雄地區日治時期鸞堂調查，鳳山僅有五甲協善堂和靜心社舉善堂兩座。[74] 按五甲協善堂民國 60 年（1971）發行《醮刊》紀錄，協善堂設立大正 6 年（1917），由鄭頭、陳有雲、陳媽拴等人至左營啟明堂參與扶鸞，爾後選良辰吉日，在陳有雲家開壇濟世，厥後鸞務漸興，遷居庄民所建奉祀天上聖母之草壇，即當日五甲龍成宮；迨大正 12 年（1923）擇當今地址建立獨立堂所，隔年陸續成立宣講省身社，以及增建後殿心德佛堂，加入佛教先天派，主祀觀音菩薩為主神。[75]

再據〈鳳邑靜心社舉善堂沿革〉所載，昭和 2 年（1927）初，由原先旗后明心社修善堂正鸞生馬連耀，調職鳳山電力公司服務，而結識鳳山街上士紳、地方菁英等人，起初借用吳見文宅第學習扶鸞，後鸞生漸多而改為開漳聖王廟側室，普練有成後即返回旗后修善堂焚疏，祈求上蒼準賜設堂，同月十九日，於鳳邑開漳聖王廟敕賜堂號「靜心社舉善堂」；陸續完成《舉世金篇》和《三教妙法真經》，因應日治末期爆發皇民化運動與第二次世界大戰，改為流動方式於堂生家中扶鸞，戰後初期再次將鸞堂遷移至鳳山街上鳳邑雙慈亭後殿，直至民國 48 年（1959）才於現址新建堂所。[76]

---

74 張有志，《日治時期高雄地區鸞堂之研究》（臺北：博揚文化事業有限公司，2015），頁 15-16。

75 林六善，〈財團法人鳳山五甲協善心德堂沿革〉，收於鳳山五甲協善心德堂，《醮刊》（高雄：鳳山五甲協善心德堂，1971），頁 16-17。

76 不著撰人，〈鳳邑靜心社舉善堂 60 週年沿革紀念碑〉（1987 年立於靜心社舉善堂堂前空地）。

綜上所述，鸞堂信仰應為日治中晚期方傳入鳳山地區，有靜心社舉善堂和五甲協善堂兩大脈絡可循，可得知源頭分別來自旗后與左營。然而，礙於總督府強烈取締，迫使兩座鸞堂轉往檯面下發展，從目前留存文獻來看，尚無法證實兩座鸞堂在當時活動力。邱延洲田野訪談的結果，認為兩座鸞堂在日治時期皇民化運動下，分別受到家族封閉與流動扶鸞兩者管理型態，而影響到戰後鳳山地區鸞堂的分衍設立。[77] 此外，靜心社舉善堂堂生多為鳳山街上士紳、菁英，在信仰號招力與地方影響力，皆相較於五甲協善堂家族組成有所不同，以致兩座鸞堂發展上產生偌大差異。

筆者實際走訪田野，戰後赤山庄內有誠心社明善堂和啟明社樂善堂兩座鸞堂，其設立皆與鳳山地區鸞堂有所關聯。再按邱延洲研究，戰後鳳山地區眾多鸞堂皆由靜心社舉善堂分衍而出，誠心社明善堂為靜心社舉善堂子堂，而啟明社樂善堂是學心社慈善堂子堂，又學心社慈善堂為靜心社舉善堂所分出，其可分為人際關係推動、原堂生結合有興趣者、鸞堂遷移等三種模式。[78] 也就是說，誠心社明善堂與啟明社樂善堂都可追溯至靜心社舉善堂，分衍主因脫離不了「人」之互動關係。這表示靜心社舉善堂在鳳山地區影響程度甚高，雖五甲協善堂最早創立，但在地位與認定程度上卻遠遠不及靜心社舉善堂（圖2-16、2-17）。

對此，鸞堂在傳佈上學者有各種不同解釋與討論。李茂祥觀察，鸞手因公務調任另起鸞壇，甲地取乙地香火拜母堂創立，每年回母堂

---

77 邱延洲，《臺灣鳳邑儒教聯堂的飛鸞勸化與其社會網絡》，頁 25-26。
78 同上註，頁 31-44。

圖 2-16　友堂所贈之創堂牌匾
說明：上為靜心社舉善堂贈「誠心社明善堂」；下為五甲協善堂贈「普化群生」。
資料來源：吳振豐拍攝。

圖 2-17　誠心社明善堂贈靜心社舉善堂「舉世善從」牌匾
資料來源：吳振豐拍攝。

「謁祖」，會因利益功名而分；[79] 王志宇認為，主要來自於母堂的「分香」，有認母掛燈儀式，或為乩法傳承；[80] 王見川和宋光宇則以分香概念來解釋鸞堂拓展，來自鸞法傳承、人際網絡、意識形態。[81]

然而「分香」這詞，較著重廟宇間香火傳承，鳳山鸞堂則以「母子」堂關係互稱之。若以單一地區與個案來看，上述這些看法勢必過於廣泛涵蓋，不過，概念是大致適用。更細緻說法，鸞堂分衍應是受到鸞法傳承，加上對原先鸞堂認同，此認同包含各種祭儀、經懺、鸞法、恩主信仰，以及最重要人群網絡互動，使彼此間產生分衍關係，進而得以延續鸞堂信仰發展。

79　李茂祥，〈略談拜鸞〉，《臺灣風物》，20（2）（1970），頁 37-39。

80　王志宇，《台灣的恩主公信仰——儒宗神教與飛鸞勸化》，頁 33。

81　王見川，〈臺灣鸞堂研究的回顧與前瞻〉，《臺灣史料研究》，6（1995），頁 17。

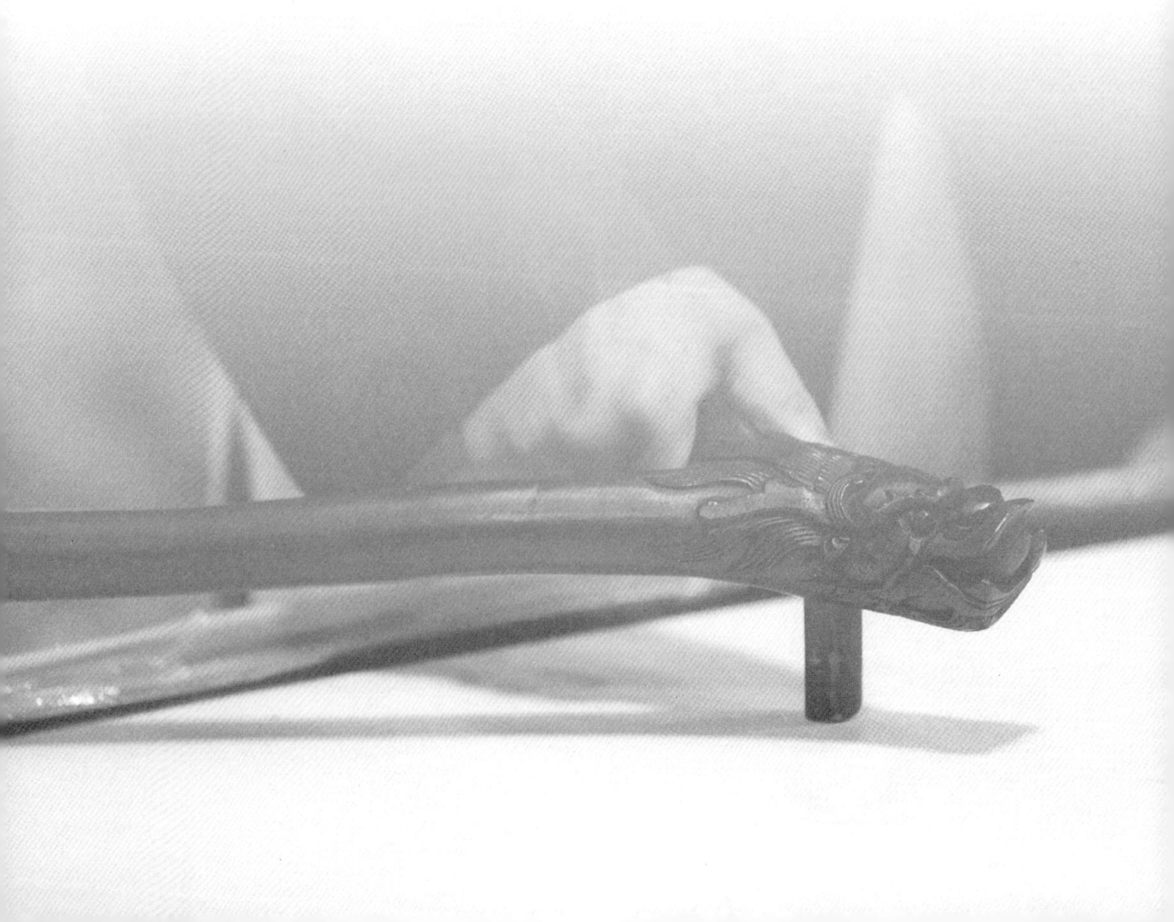

第三章　誠心社明善堂創建與發展

　　鳳邑誠心社明善堂（其後簡稱誠心社明善堂）設立赤山庄廟文衡殿內，為閩南鸞堂，是赤山聚落內鸞堂信仰中心，更為鳳山地區鸞堂興起重要指標之一。戰後赤山文衡殿香火並不興盛，管理組織不全，僅設有管理人一職，多為堂生幹部擔任；誠心社明善堂寄祀文衡殿內長達三十多年，廟內各項事務都仰賴堂生協助與推動。

　　本章以誠心社明善堂作為個案討論，試圖釐清創堂動機，探討堂內至今發展與所經歷「寄祀」、「借祀」、「共祀」等階段過程。第二，運用各類政府公報，梳理戰後政府當局宗教方針，鸞堂如何因應與維持活動力。最後，介紹誠心社明善堂組織架構，與其既有內部各項儀式和活動運作。

第一節　誠心社明善堂創立

　　戰後初期誠心社明善堂由靜心社舉善堂分衍而出，選擇在庄廟赤山文衡殿內設立，鸞堂信仰正式傳入赤山庄內，開啟至今長達七十年在地方社會的興盛發展。那麼，當初誠心社明善堂是如何創立的？動機又為何？會選擇赤山庄廟文衡殿的主因？筆者希冀透過創堂當年所留存手抄鸞文，釐清誠心社明善堂的發展歷史過程。

一、創堂動機

　　誠心社明善堂創堂於民國43年（1954），起初因陳文波公餘在鳳邑靜心社舉善堂學經問禮習聖賢之道，因緣際會下先引介同為赤山文衡殿義務廟祝鄭文鳳，後再增加赤山地區阮順意、王自來、尤南興、阮萬生、林聰明、陳秋藤、許飛龍、林茂生、林見清、林添、邱松正

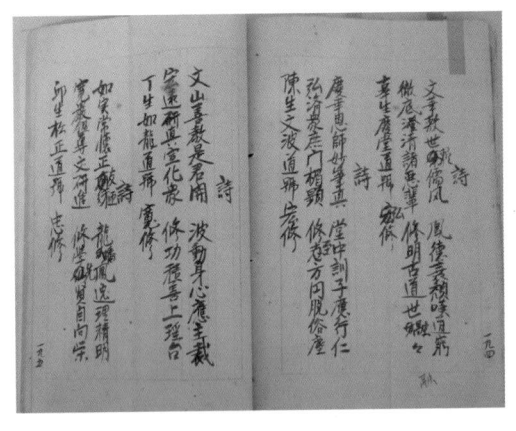

圖 3-1　1956 年手抄鸞文內容
資料來源：吳振豐拍攝。

等人進入靜心社舉善堂一同學習；同年甲午年（1954），誠心社明善堂 13 位前賢拜請賜旨，准許由靜心社舉善堂引令回赤山庄廟「文衡殿」西廂安座，同年三月十九日，玉旨下賜堂號為「鳳邑誠心社明善堂」，[1] 這是初期創堂過程。誠心社明善堂得以創立，關鍵來自陳文波一開始在靜心社舉善堂參與學習，從玉皇准旨賜道號給陳文波的詩文約能略窺端倪（圖 3-1）：

文山善教是君開，**波**動身心應主裁，
宏遠研真宣化眾，**修**功積善上瑤臺。[2]

頭兩句首字「文波」指的即是陳文波，後兩句首字「宏修」為他在誠心社明善堂內道號。此七言絕句明確點出文山地區善教是由他所開啟。那陳文波當初會選擇靜心社舉善堂的想法為何？推論是對其認同與自身地緣背景關係兩大原因。

1　不著撰人，〈鳳邑誠心社明善堂沿革〉（立於誠心社明善堂右側）。
2　不著撰人，〈民國 45 年 10 月 15 日手抄鸞文〉（1956，未出版）。

縱閱鳳山城內鸞堂信仰脈絡，靜心社舉善堂在日治時期設立，戰後鳳山地區多處鸞堂皆分衍於此，鸞生又為鳳山街上重要精英、仕紳，在地方上擁有一定影響力、地位、信仰群眾力量，以及人群背後網絡互動，不難看出陳文波選擇靜心社舉善堂參與學習理由。

其次，陳文波早期住址登記在鳳山街火房口，畢業鳳山西國民學校初等科，就任高雄州教育課，戰後陸續於高雄州接管委員會、高雄縣政府教育科擔任辦事員。[3] 縣府曾借用鳳山國小校舍當作辦公場所，又適逢靜心社舉善堂於鳳邑雙慈亭內借祀扶鸞，與縣府距離僅有一條街之隔，或許地緣上關聯性，使陳文波能輕易接觸到鸞堂信仰。

細看誠心社明善堂沿革，堂生前往靜心社舉善堂學習鸞法分為兩個階段，初次為陳文波引進當時同為赤山文衡殿義務廟祝鄭文鳳，雙方之所以結識除志同道合外，可能還有陳氏本身司職業務緣故；後續11位創堂堂生，全為赤山庄內頂頭角人，會一同參與，應是受到鄭文鳳邀約影響。

那促使誠心社明善堂創堂堂生，前往靜心社舉善堂學習鸞法原因，筆者研判是受到「著造鸞書」能超拔祖先，積功立德名列仙班之觀念影響，且同時間下頭角啟明社樂善堂正在著造鸞書。據鳳邑啟明社樂善堂沿革記實：

> 本堂自於壬辰年（民國四十一年）文山里謝明賢等好善往慈善堂學乩問禮，當年秋季賜准文山里西巷七號家宅設

---

[3] 「陳萬儀等高雄縣政府新委人員等133員名單」（1946年5月30日），〈高雄縣人員任免〉，《臺灣省行政長官公署》，國史館臺灣文獻館，典藏號：00303231135007。

壇，號稱啟展社樂善堂，癸巳年奉著《學贍經》，乙未年賜旨著造《順水推舟》……[4]

啟展社樂善堂（今更名為啟明社）於民國41年（1952）秋季成立，隔年春天即奉旨著造首科金篇《學贍經》。從時間來看，下頭角啟明社樂善堂著造鸞書時，誠心社明善堂創堂生們應尚未進入靜心社舉善堂；再者，傳統社會中信仰與日常生活密不可分，鳳山地區又受到鸞堂影響甚深，多深信著造鸞書除能超拔九玄七祖，還可名列仙班，庇蔭後代子孫，或許這強力誘因下，誠心社明善堂創堂堂生齊入鸞門。

然而，這創堂十三位堂生會選擇回赤山庄廟文衡殿設立動機？筆者歸論原因有三：一是復振赤山文衡殿香火；二為立即有空間場所能設堂扶鸞；三是地緣關係因素。首先，民國38至42年（1949-1953）間，赤山文衡殿遭逢因國共內戰失利撤退來臺的百萬軍隊、眷屬占領，當時廟內兩側廂房成為軍眷們廳室，鍋碗瓢盆散落一地，香火被迫中斷，所幸透過高雄縣政府教育科辦事員陳文波協助處理，軍眷同意撤離，換得赤山文衡殿原先清靜，亦使創堂生們興起復振庄廟赤山文衡殿香火念頭。[5]

其次，民國42年（1953）底誠心社明善堂創堂十三位堂生，正逢於靜心社舉善堂參與學習鸞法，已商議回赤山庄廟設立鸞堂，民國46年（1957）誠心社明善堂正主席恩師話：

---

[4] 不著撰人，〈鳳邑啟明社樂善堂沿革記實〉（1977年立於啟明社樂善堂側室）。

[5] 有關此事件，請參見本書第四章第二節誠心社明善堂與地方社會互動中的「地方菁英推行」。

>　……你文山陳、鄭、林等十三之子，曉獻真心哀求主壇恩師等上奏設堂，並得郭、辜、陳、丁等生不厭苦勞日以繼夜共扶明善……<u>陳生余非不知你之真誠，只因你係開基之首，明堂之成就，即你之功也</u>……[6]

引文中主壇恩師，乃赤山文衡殿主神文衡聖帝。創堂十三位堂生們在徵得其同意，並上奏南天設堂獲得准旨後，方能從靜心社舉善堂引令回赤山。會選擇直接設立在庄廟赤山文衡殿內，考量因素應是有立即空間場所能設堂扶鸞，且能省去花費建築堂所的時間與金錢。也就是說，創堂十三位堂生是有共同想法，在靜心社舉善堂學習鸞法後，回到庄廟文衡殿內成立誠心社明善堂。

最後，為地緣關係因素。適逢靜心社舉善堂於鳳山街上雙慈亭內借用空間扶鸞，在前往參鸞路途上有所距離，再加上誠心社明善堂創堂生都為赤山人，對赤山庄內情感認同會大於他者，若將鸞堂設立赤山庄廟文衡殿內，亦能吸引庄內里民就近參與。

總而言之，創堂十三位堂生欲將鸞堂寄祀赤山庄廟文衡殿內，此舉主要適逢占領廟內軍眷撤離，有空間場所能立即扶鸞，省去尋找土地，建築堂所花費時間與金錢，再者庄內里民可就近參與，亦能復振赤山文衡殿香火，多重有利條件誘發下，實屬合理。

二、穩定堂務發展

民國 43 年（1954）誠心社明善堂獲得南天准旨，正式從靜心社

6　不著撰人，〈鳳邑誠心社明善堂民國 45 年 9 月 16 日手抄鸞文〉（1956，未出版）。

舉善堂引令回赤山文衡殿西廂空間，賜堂號「誠心社明善堂」。早創之際，礙於堂內各項事務未穩，初任堂主為靜心社舉善堂堂主徐瑞雲兼任，並進行扶鸞初練，誠心社明善堂主筆恩師所述：

> 舉分明善設初練，善堂心修众信子，
> 明月志氣立堂堅，善人蕙心大知道。[7]

再據誠心社明善堂功過司恩師降鸞詩文：

> 學務決心列行進，鸞部旨派快自虔，
> 陸分守禮立堂前，部生職務再加行。[8]

誠心社明善堂確定從靜心社舉善堂分出後，鸞務部分增加旨派的六部職司，於鸞期進行扶鸞普練配合。[9] 堂務方面，則是創堂同年 7 月由邱松正主導成立演經團，隔年正式派任首任堂主郭寶瓊創辦聖樂團，並於赤山文衡殿內東廂處設置宣講臺，固定時間向堂生與里民宣講經文。此舉受到眾多赤山里民歡迎，相繼參與進而加入鸞堂，恩師們也明示成立誠心社明善堂的用意：

---

7 不著撰人，〈鳳邑誠心社明善堂民國 44 年 2 月 6 日手抄鸞文〉（1955，未出版）。

8 不著撰人，〈鳳邑誠心社明善堂民國 44 年 3 月 3 日手抄鸞文〉（1955，未出版）。

9 鸞堂內部兩大組織單位為「鸞務」與「堂務」；「六部」人員為鳳山地區鸞堂內常見用語，歸屬鸞堂組織下的鸞務，包含正（副）鸞生、唱鸞生、錄鸞生、誥誦生、司香（茶菓）生、把門生，是維持鸞堂能「扶鸞」運作的關鍵角色；「普練」則指六部人員在其職務尚未獲得恩師認同前，所需經歷的訓練過程。

> ……設明堂，諸聖教生，挽众入堂，一步一步，聖訓教生，本堂開興……儒教三品，三品之寶：一品之者，設鸞堂，挽惡行善；二品之者，建設講台，代天宣化；三品之者，明設聖樂，本堂要用……[10]

可見設立誠心社明善堂用意，主要乃藉由恩師們聖訓來教導堂生挽惡行善，建設宣講臺用以代天宣化，並成立聖樂團來搭配演經團使用。

確實，誠心社明善堂在成立初期，因各項事務尚未步入軌道，尤其鸞務部分，多以六部各司普練為主，堂務方面則勤加練習經懺和聖樂，以供來期著書之用，而從恩師言中更能知悉堂生們對於著書此事渴望：

> 各位諸生愛請旨造書，但是有數名心未堅，原性不改，候勞時隨便安眠……各生再加努力後同心一致，再請旨也。[11]

引文中不難看出，堂生積極想藉由著造鸞書來立定功績，不料少數堂生原性不改，以致恩師不允同。那為何堂生積極想著造鸞書？原因來自能積功立德，超拔祖先等動機使然，據誠心社明善堂主壇恩師云：

> 男女諸生學練真經，莫作惡行，同心一致，著書科期立功積德，致蔭孫兒，定拔祖先，極樂西天速速嘉勉，勤之勤

---

10 不著撰人，〈鳳邑誠心社明善堂民國44年4月28日手抄鸞文〉（1955，未出版）。
11 不著撰人，〈鳳邑誠心社明善堂民國45年9月1日手抄鸞文〉（1956，未出版）。

之。[12]

　　恩師勉勵堂生須同心一致，方能著書立功積德超拔祖先、致蔭孫兒前往西天。但是著造鸞書這事非同兒戲，雖然被鸞堂視為極大榮耀，非常難得稀有，卻攸關人、神兩端，需向上天請旨始同意才能進行外，還得自身鸞務與堂務根基夠穩定，經懺與聖樂才能夠完美搭配進行。如主筆恩師就曾訓示堂生經懺一事：

> 各位生等經文不究，詰誦參差，以後著書之期，如何完經完懺？各生再加力行經書深究，不究經書者造書難得完成，嘉勉為要。[13]

當時顧忌誠心社明善堂當時經懺尚未純熟，且鸞務亦未穩定，六部尚在進行普練，既存少數堂生又心志動搖不堅，以致恩師們無法輕易答應著書之事。

　　確實，誠心社明善堂並非如啟明社樂善堂，成立後隨即能接詔著造鸞書，而是歷經近三載，才獲上蒼憐憫得以開著金篇，從《正風》中〈玉詔宣讀〉可知：

> 玉皇大天尊玄穹高上帝詔曰：

12　不著撰人，〈鳳邑誠心社明善堂民國45年8月19日手抄鸞文〉（1956，未出版）。

13　不著撰人，〈鳳邑誠心社明善堂民國45年9月13日手抄鸞文〉（1956，未出版）。

> 朕居清虛……茲爾臺灣省鳳邑誠心社明善堂，自甲午開壇至丙申之冬，鸞務略成，並憫諸子虛心美化梓里之志，准許卿之請，提前開集善文後旨，近據三卿奏稱，明善堂諸子，勤學古道，集書有誠，實勘為褒，爰敕　玉詔下堂，准聘三山五嶽、聖佛先神，闡明真理，引述果報，書曰《正風》……望爾神人，全體謹遵照行，勿負　朕意欽哉。[14]

時任堂主郭寶瓊與副堂主鄭文鳳領導，以及眾堂生努力下，鸞務、堂務才慢慢步上正軌，迎來玉旨下賜第一科名為《正風》鸞書，於民國45年（1956）農曆十二月奉旨開著，次年農曆三月完繳。

《正風》發行問世後更設有代教生、研究生、講讀生等職，從原先講解經文，轉以此作為教材，教授堂生其內容與要義。於同時間，誠心社明善堂亦將原本僅對庄內的宣講擴大，主動發起成立鳳山地區宣講聯誼會（養靈、明善、舉善、靈善、啟善、樂善），推舉明新社養靈堂領導，各堂派任宣講生，定期前往廟宇、鸞堂進行公開宣講。

創堂初期，誠心社明善堂除固定扶鸞和到處公開宣講活動外，亦有普練藥方紀錄，從本堂教練童子所降能知悉：

> 今宵開始普練藥方五根草、普練無成功者無亂用，龍目心、木瓜根、竹皮、黃豆十二粒……普練藥方非是派藥，藥方非是小可，人之性命鸞手重重注意。[15]

---

14 不著撰人，〈玉詔宣讀〉，收於鳳邑誠心社明善堂，《正風》（高雄：鳳邑誠心社明善堂，1958），頁 9-11。

15 鸞堂扶鸞運作主要依靠正鸞生，普遍又稱之為「鸞手」，指透過其握筆，進而扶寫出文字；不著撰人，〈鳳邑誠心社明善堂民國 45 年 8 月 3 日手抄

普練藥方動機一開始是想著造藥書，藉由施藥方來達成「濟世」之宗旨。這種醫療救濟行為，早在日治時期就曾出現，透過藥方來尋求戒斷鴉片煙癮。

需特別注意，戰後政府曾對民俗療法進行嚴格管控。民國42年（1953）12月12日臺灣省警務處電告屏東縣警察局，事由為「勸導神廟不得設置藥籤」，違者依〈查禁民間不良習俗辦法〉處分。[16] 雖說內文並無明確指出是為管控扶鸞藥方，但政府當局嚴格限制下，認定所謂「求藥」是愚民才有之行為和不良習俗，須予以改進和導正，而鸞堂欲藉由扶鸞進行「施方濟世」這舉動，無疑是與當前政府政令有所抵觸，在這情況下，若鸞堂欲練藥或開藥方，僅能轉為檯面下秘密進行。

誠心社明善堂雖然曾有嘗試進行「施方濟世」，但筆者審閱創堂至今既有留存手抄鸞文，此開藥方濟世作為，最後沒有達成（圖3-2）。歸咎原因，第一，當時僅有鸞手邱松正熱衷著造藥書，其他鸞手未有興趣，練藥之事因而中斷；第二，鸞手或堂生沒有中藥或醫學相關背景，相較當時鳳山地區鄰近鸞堂，多已有著造藥書成果，且共同性堂生裡都擁有中藥、醫學背景，[17] 畢竟練藥並非小事，攸關人之性命、健康問題。

誠心社明善堂於民國45年（1956）完成《正風》後，三位恩主

鸞文〉（1956，未出版）。

16　臺灣省政府秘書處，《臺灣省政府公報》，冬：64（1953），頁713。

17　筆者田野調查發現，鳳邑靜心社舉善堂堂生有多位於鳳山街上開設中藥行，有中藥背景，甚至鳳邑丹心社忠孝堂正鸞生（鸞手）即為中醫師。

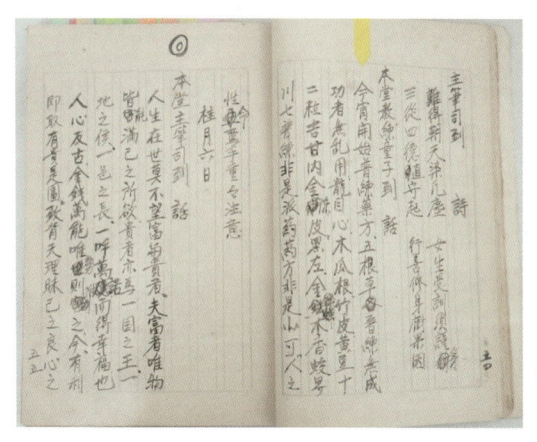

圖 3-2 誠心社明善堂練藥紀錄
資料來源：吳振豐拍攝。

也依照堂生付出辛勞論功行賞，甚至特別超拔 6 位堂生先父。據〈南天關聖太子降　諭〉：

> ……三恩主恩賞諸生之中續分列優者，郭寶瓊、鄭文鳳、辜慶堂、邱松正、丁如龍、林見清，六生待繳書功德先滿後，蒙恩賜會先靈……[18]

這六位特優堂生，分別擔任堂主、副堂主、正鸞、唱鸞、錄鸞、校正生等六部重要之職，而恩主們特別賞賜，讓六位堂生能透過降筆扶鸞方式，與已逝父親陰陽同室。隔期扶鸞，由這 6 位堂生先父，來堂依序降筆，如堂主之父，蒙恩陞歸聚善所候任福德正神所云：

---

18 不著撰人，〈鳳邑誠心社明善堂民國 47 年 4 月 3 日手抄鸞文〉（1958，未出版）。

> 瓊兒蓮媳同曉入善，乃無比之幸也……今幸蒙恩榮歸聚善所候任福德正神之職，且近聞不日將有遺缺得赴任，誠莫大之榮譽也……[19]

透過已逝先父來堂降鸞這舉動，述說著造鸞書能得果報，獲取名列仙班機會，超脫塵俗免於輪迴。就筆者認為，這樣實證案例，能讓既有堂生對鸞堂信仰更加緊固，印證、確信藉由參與鸞堂行修身之舉，往後終能收得美好果穗。

然而，歷經不久，隨即面臨到堂生怠惰，讓恩師特囑：「近觀諸生不但行堂存無半數，且諸心與行有離教無達之狀，令余心痛……」[20] 多數堂生不到堂效勞，失去原先創堂初衷，堂務由盛轉衰。這狀況持續多年，直至民國 50 年（1961），誠心社明善堂奉旨參著鳳邑儒教聯堂組織《明道》金篇後，不濟的堂運才再次浮現一線生機，陸續完成《衛道》、《正道》、《弘道》頒行。[21] 加上 1970 年代有赤山地方政治菁英，率人一同加入，使誠心社明善堂在鳳山地區名聲遠播，堂務、鸞務發展順暢，相繼吸引許多地方仕紳、菁英、里民，同時赤山文衡殿內各項大小事由，亦在堂生費心與協助經營管理下，日趨完備。

---

19 不著撰人，〈鳳邑誠心社明善堂民國 47 年 4 月 6 日手抄鸞文〉（1958，未出版）。

20 不著撰人，〈鳳邑誠心社明善堂民國 47 年 9 月 29 日手抄鸞文〉（1958，未出版）。

21 不著撰人，〈明善堂歷任堂主芳名與事蹟〉（高雄：鳳邑誠心社明善堂，未出版）。

三、堂務發展問題

　　1980 年代臺灣經濟飛升，有著「臺灣錢淹腳目」的經濟奇蹟，那時大家樂盛行，人人手中握有熱錢，繁華蓬勃條件下，各地廟宇如雨後春筍般紛紛開始重修、拓建主體，赤山文衡殿亦搭上這班列車，在民國 77 年（1988）由地方人士決議將廟宇拆除重建。

　　欲進行重建前，卻面臨諸多因素與問題，以民國 72 年（1983）公布的〈本省寺廟申請建造應具表件及注意事項〉來看，相較先前關於寺廟重新修築和興建而訂定法令，已放寬許多。[22] 但細看應檢附文件，其中一項條件須附上「土地使用同意書」，卻有著難言之隱。因赤山文衡殿戰後至重建前，只有廟宇建物地上權，並未擁有實際土地所有權。會有這樣情況，要追溯至昭和年間，當時赤山文衡殿剛完成重建，正逢中日戰爭，總督府實施「寺廟整理運動」，赤山文衡殿清代所留存大筆土地，被以社會教化目的美名，強制徵收納入鳳山郡社會教化助成會。

　　戰後國民政府接收臺灣，派遣高雄州接管委員會接管各項事宜，原鳳山郡社會教化助成會資產，遭到高雄縣政府民政局移交接收，當時經手點收人即為誠心社明善堂創堂堂生陳文波。[23] 很可惜礙於文獻不足，無法進一步討論。高雄縣政府曾公告辦理發還，但受限當時不明手續、遷移、死亡或其他原因使然，並未予登記，經一年餘後，被高雄縣政府順理成章接收納為國有。

22　臺灣省政府秘書處，《臺灣省政府公報》，夏：69（1983），頁 2-3。
23　「鳳山郡社會教化助成會簿籍表冊移交清冊」（1946 年 7 月 29 日），〈鳳山區署案卷及簿籍表冊移交清冊〉，《臺灣省行政長官公署》，國史館臺灣文獻館，典藏號：00329440001054。

後來，雖曾多次有高雄縣議員於議會中質詢提議，依土地臺帳紀錄和〈臺灣省公有土地處理規則〉第 7 條，戰前被「鳳山郡社會教化助成會」強制「贈與」之土地，應請縣府「無償返還」寺廟。[24] 甚至解嚴後，林聯輝委員於立法院召開會議提出寺廟產權一事，呼籲政府當局盡快歸還，以消除爭議與民怨。[25] 但此事從結果論來看，各地方政府與相關機關，最終還是拒絕再次將土地發還寺廟。

　　此外，昭和 13 年至民國 42 年（1938-1953）這段時間，受到寺廟整理運動和戰後軍眷撤退來臺影響，赤山文衡殿曾中斷香火多年，無正式管理組織，當時僅有義務廟祝鄭文鳳（誠心社明善堂創堂生）早晚上香、奉茶。直到民國 75 年（1986），赤山文衡殿才希冀能將日治時期被強制徵收的土地和廟產收回。

　　按《國有財產法》第 60 條：「在國內之國有財產，其贈與行為以動產為限。但現為寺廟、教堂所使用之不動產，合於國人固有信仰，有贈與該寺廟、教堂依法成立之財團法人必要者，得贈與之。」[26] 條例中但書規定，明確指出贈與該寺廟，須依法成立財團法人之必要。然赤山文衡殿一直未有完善寺廟管理組織。

---

24 〈請將前鳳山郡社會教化助成會強制徵收私有之寺廟土地發還原業主，以保民權案，〉，《臺灣省高雄縣參議會第 1 屆第 7 次大會》，地方議會議事錄，典藏序號：011a-01-07-050615-0072；〈高雄縣鳳山區之道教廟宇於日據時代被鳳山區社會教化助成會沒收之財產應請政府發還各廟宇以重民信案〉，《臺灣省高雄縣議會第 5 屆第 3 次大會及第 3 次臨時會》，地方議會議事錄，典藏序號：011c-05-03-050602-0128。

25 〈立法院第一屆第八十會期第四十二次會議紀錄〉，《立法院公報》，77（6 上）（1987），頁 125-126。

26 總統府第三局編，《總統府公報》，2268 期（1961 年 5 月 7 日），頁 1。

第三章　誠心社明善堂創建與發展

　　民國 42 年（1953），政府以影響宗教業務推行理由，明瞭各縣市寺廟實況，加強指導管理宗教業務，要求現存寺廟辦理登記。[27] 而此條文是以民國 25 年（1936）所宣告的〈寺廟登記規則〉作為依據。[28] 在寺廟總登記上，赤山文衡殿歷屆登記管理人為許天賜、沈義、鄭真襲、鄭水池，其共同點有三：一皆為赤山地方政治菁英，皆曾任鳳山鎮民代表；[29] 二是擔任管理人時，同時身為誠心社明善堂副堂主；三則都是赤山頂頭角人。

　　戰後誠心社明善堂寄祀赤山文衡殿內，起初廟內香火並不興盛，所有祭祀開銷花費，全仰賴堂生繳交堂費支出，再加上缺乏運作與經營，僅有管理人對外作為代表登記，這幾位曾為地方政治菁英角色的堂生，必然成為協助廟內經營與管理的最好人選。

　　回過頭來，顧慮須由財團法人組織才能依法討回廟產，民國 75 年（1986）4 月 17 日，由誠心社明善堂堂生及頂頭角地方士紳一同發起，率先成立財團法人，正式登記召開信徒大會，向高雄縣政府依法討回廟產。[30] 土地雖被日人強制徵收納為財產，但高雄縣政府與相關單位仍以無繼續使用理由駁回，無奈僅拿回寺廟土地所有權，及獲得寺廟就地重建允許。總之，民國 75、76 年（1986、1987）間，赤

27　臺灣省政府秘書處，《臺灣省政府公報》，冬：42（1953），頁 463。

28　臺灣省行政長官公署秘書處編輯室，《臺灣省行政長官公署公報》，冬：72（1946），頁 1156-1157。

29　請參見附錄一「鳳邑誠心社明善堂政治菁英一覽表」。

30　〈為將高雄縣所有鳳山市文山段六四八、六五一第號等二軍土地贈與財團法人鳳山市文衡殿及岡山鎮大寮段一〇二一九等四筆土地出售（合計六筆）擬依土地法廿五條之規定完成處分程序（詳如附清冊）敬請惠予審議。〉，《臺灣省高雄縣參議會第 11 屆第 3 次臨時大會》，地方議會議事錄，典藏序號：011c-11-02-050602-0230。

山文衡殿地產才有確定。

　　赤山文衡殿正式動工拆除前，誠心社明善堂即遭遇無扶鸞場所難題，恩師們多次指示擁有重建委員身分的幹部、堂生，須為此事做足準備。細閱多數鸞堂，若創堂之初無自有空間場所，面臨扶鸞場所異動，會選擇籌募資金，購買土地建築永久堂所空間。

　　不過，筆者查閱歷年堂內支出賬目，赤山文衡殿欲建廟前，誠心社明善堂正逢完著鸞書《弘道》，堂費盈餘僅剩七萬多元。雖然當時堂生人數眾多，鸞堂收入仍然有限，堂生每年所繳交堂費，本就多用以支出堂內祭聖與平常廟內開支，根本無法有盈餘能購地興築堂所（圖3-3）。

　　所幸，在赤山文衡殿董事長暨誠心社明善堂副堂主邱松正奔走下，人、神共同協力，南天准旨誠心社明善堂於民國76年（1987）農曆九月二十三日，正式移祀赤山頂頭角文農宮，借用宮內空間繼續扶鸞闡化。

　　誠心社明善堂會擇於赤山角頭廟文農宮暫時借祀，並非偶然，其關鍵原因有四：第一，文農宮本為時任誠心社明善堂副堂主邱松正家廟；第二，早在民國62年（1973）文農宮欲建廟時，籌建委員與管理委員就多為堂生擔任，有著相關聯性；第三，沒有多餘金錢能興建堂所；最後是地緣關係，堂生多來自庄內，在地理條件上頗具優勢，以就近為主。

　　解決扶鸞場所問題後，恩師們亦曾安慰堂生「明善移鸞渡時機，文農宮內暫時棲，賢生疑難師承受，儒理宣化道心支」。[31] 然而，經

31　不著撰人，〈鳳邑誠心社明善堂民國77年10月3日手抄鸞文〉（1988，未

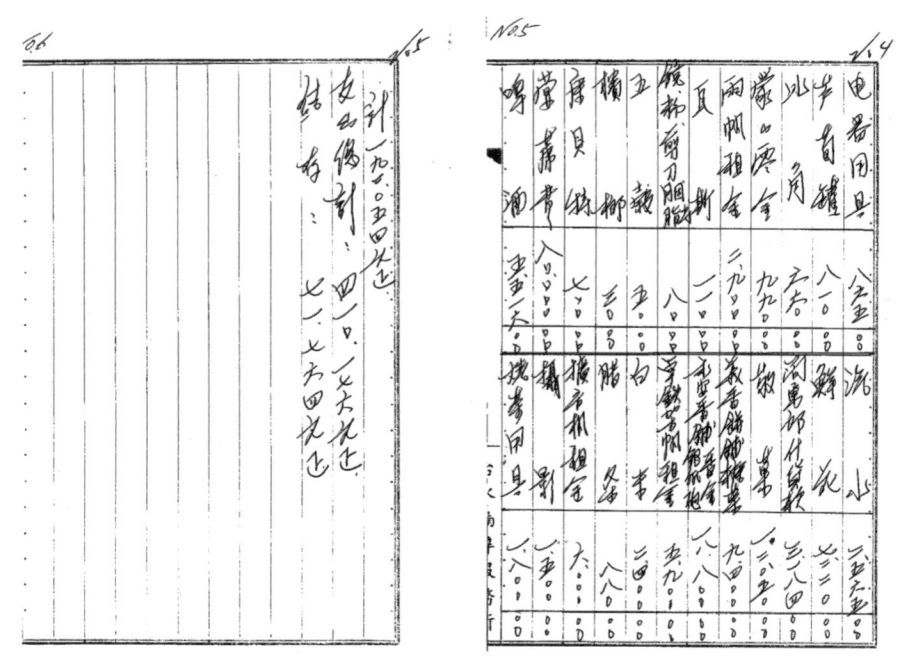

圖 3-3　1983 年《弘道》繳書後收支盈餘
資料來源：鳳邑誠心社明善堂提供。

兩年餘，誠心社明善堂仍鸞務不振、堂生不依鸞期來堂扶鸞等問題：

> 吾奉南天主宰文衡聖帝之命到堂視察事因，貴堂鸞務不振，不依鸞期進行，南天恩主每每派天君到堂卻不見鸞務進行，諸天君回南天覆命一一稟明，三恩主甚為震怒……明示諸子勿前功盡棄。[32]

堂生不依鸞期進行扶鸞，此事持續甚久，三恩主實為震怒。會有此原

出版）。

32　不著撰人,〈鳳邑誠心社明善堂民國 78 年 8 月 26 日手抄鸞文〉（1988，未出版）。

因,歸咎乃鸞手不到堂候駕:

> ……諸子每每延誤鸞期進行其過大也。尤其鸞乩之過更大,鸞乩不到堂候駕,鸞務不能進行,其過錯無人可承擔……[33]

鸞務中樞為鸞手,若缺少便無法行扶鸞儀式,沒有儀式,鸞堂也就失去濟世宗旨。當時亦逢新鸞手普練,正主席恩師特交代幹部與眾鸞手需協助早日完成:

> ……正、副堂主鸞期必需到,開堂元老不到何能期望他人到堂?……郭生要多用心恩助正、副堂主推行堂內各種要務……交代爾等三人及本堂眾鸞手要全力協助○○早日完成普練……希望諸生同心協力重振明善堂。[34]

世代交替下產生空隙,元老鸞手功成身退,派職鸞手又常因事未能到堂候駕,加上新鸞手尚未完成普練,以致銜接不上。這狀況持續好幾年,李恩主更親自到堂訓斥堂生:

> 爾明堂諸子,自十三子創堂,引導梓里村民入堂,學道識程經歷不少風霜,在《正風》、《衛道》頒世,使爾明堂進

---

[33] 不著撰人,〈鳳邑誠心社明善堂民國79年5月1日手抄鸞文〉(1990,未出版)。

[34] 不著撰人,〈鳳邑誠心社明善堂民國78年8月19日手抄鸞文〉(1989,未出版)。

入興盛之期，但《正道》、《弘道》一出，卻使眾子持功而傲世，認為建此功績，將來脫去人身之後，必入仙班叩跪金階，因此難得出入堂門，鸞期不再聆聽聖訓，造成經、樂不進，鸞務難以維持，眾師尊苦等，卻六部不齊，如此之下，如何使吾安心……35

鸞堂命脈本為扶鸞闡化，誠心社明善堂堂生乃認為參與著造多本鸞書，日後便能名列仙班，以致鸞期不再效勞，不依所派任之職行事。使鸞期來堂人數甚少，堂生多力不從心，六部之職如同散沙，最後更衍變只有正鸞生扶鸞，副鸞生協助握筆並兼唱鸞，錄鸞生記錄鸞文，遂而影響堂務、鸞務不振，致誠心社明善堂幾成解體，這狀況持續至赤山文衡殿重建後，才逐漸好轉。

最終，民國83年（1994）赤山文衡殿歷經六年時間，耗資新臺幣1億1,400多萬，迎來重建完成。雖然曾遭逢停工許久，興建委員不能依圖施工有所爭端，但幸後續能團結一致，齊心商討完成。從興建樂捐芳名錄中，可獲知多數堂生、委員們全力協助建廟。36 對此，赤山境主暨誠心社明善堂主壇恩師文衡聖帝，特別借用鸞筆道謝：

> 吾今日以本境境主之身分，以借鸞筆向本境里民道謝，文衡殿建廟完工之期已近，眾里民奉獻心力使建廟工程得以順利進行，吾感欣慰，特此托筆以表感謝，望鄭堂主將吾之

---

35 不著撰人，〈鳳邑誠心社明善堂民國82年閏3月1日手抄鸞文〉（1993，未出版）。

36 不著撰人，〈鳳邑文衡殿興建樂捐芳名錄〉（立於赤山文衡殿大殿左側）。

圖 3-4　赤山文衡殿重建委員會合影
資料來源：赤山文衡殿提供。

意轉達管理委員會向全境民道謝。[37]

赤山文衡殿能完竣，不僅仰賴重建委員們費心監工，還有堂生、里民們各四方人士協力幫忙，方得以重建完成（圖 3-4）。

重建近完工時，赤山文衡殿眾委員們有意將誠心社明善堂遷回廟內，卻遇到阻礙。當時誠心社明善堂主壇恩師暨赤山文衡殿主神就曾指示：

---

[37] 不著撰人，〈鳳邑誠心社明善堂民國 83 年 2 月 6 日手抄鸞文〉（1994，未出版）。

> 本堂遷回文衡殿遇有阻礙，此乃少數信徒從中阻礙⋯⋯
> 如阻礙力大⋯⋯可集本堂諸生在文衡殿任委員者共商之，諸
> 生多費心力也。[38]

歸咎原因，乃庄內頂頭角與下頭角兩聚落，對誠心社明善堂回赤山文衡殿意見不一。下頭角里民以鸞堂是「私」，文衡殿為「公」之意見，反對多為頂頭角堂生的明善堂重回，占用地方庄廟資源。[39]

不過，赤山文衡殿早期信眾，本就頂頭角與後庄仔庄民為主要組成。當時由擔任廟內委員的堂生幹部們提出，以戰後初期赤山文衡殿形同荒廢，若無誠心社明善堂寄祀於內，平常各項祭祀花費，全仰賴堂生所繳交堂費用以支付與自主管理廟內大小事項，今日怎會有重建完成機會等事實，來反駁反對重回廟內少數信徒們。

最終，這些少數反對信徒妥協同意，誠心社明善堂結束借祀文農宮，並在眾赤山文衡殿委員們同意下，於民國83年（1994）農曆九月十九日正式遷回，座落西廂二樓處，也就是當今所在的扶鸞空間。對此，誠心社明善堂副主席恩師特別降筆以示：「執筆先感謝文衡殿重建委員董事，助吾明善堂重還文衡殿功德無量。」[40]感謝眾委員們付出，使誠心社明善堂得以重回赤山文衡殿內。

借祀文農宮近七年時間中，誠心社明善堂亦將早期在赤山文衡殿

38　不著撰人，〈鳳邑誠心社明善堂民國83年4月13日手抄鸞文〉（1994，未出版）。

39　邱延洲，《臺灣鳳邑儒教聯堂的飛鸞勸化與其社會網絡》，頁137-138。

40　不著撰人，〈鳳邑誠心社明善堂民國83年9月19日手抄鸞文〉（1994，未出版）。

廟務管理、祭聖祭儀等經驗，協助應用於文農宮。誠心社明善堂正主席恩師更特別交代：「今後若文農宮有事要本堂相助者，不可拒絕，此示勿忽。」[41]至今文農宮在各項祭儀上，都能看到誠心社明善堂堂生協助身影，延續先前習慣外，另一層用意，是為報答當初借用宮內空間扶鸞七年恩情，建立至今以來雙方長期的互動交流。

誠心社明善堂重回赤山文衡殿後，原先擔任廟方董事的堂生幹部們相繼過世，其職亦轉由新興地方菁英接手，且廟方已有正式的管理組織成立，形成鸞堂與公廟各自獨立的兩個群體單位，不像早期誠心社明善堂寄祀廟內時，幾乎都由堂生主導一切事務。

雖說如此，當今鸞堂與廟方兩者，彼此還是在同場所內「共享」空間，祭儀上相互支援，又文衡殿主神同為誠心社明善堂堂內奉祀神祇，再加上鸞堂帶有文昌信仰象徵，在祀神上產生「共神」信仰。亦因廟方早已無乩童，若遇執事們要請示重大要事，則會透過誠心社明善堂，由赤山文衡殿主神文衡聖帝直接降鸞指示：「……本文衡殿董監會成員戌時到堂，吾親自與諸委員會談……」[42]這種「信仰」與「儀式」相互協助模式，形成鸞堂與地方公廟「共祀」獨特情況。

第二節　誠心社明善堂與戰後宗教政策

戰後初期國民政府接收臺灣，陸續發布各種宗教政策與限制，多沿用大陸訓政時期法令。對於民間教派的鸞堂來說，在政令施行下，

41　不著撰人，〈鳳邑誠心社明善堂民國83年9月1日手抄鸞文〉（1994，未出版）。

42　不著撰人，〈鳳邑誠心社明善堂民國84年3月13日手抄鸞文〉（1995，未出版）。

定位顯得十分尷尬,勢必須尋求庇於合法宗教,以謀求穩定發展。

本節欲梳理戰後政府當局宗教政策,在外在環境與法令限制下,鸞堂如何轉換其生存模式與立場?以「儒教運動」、「鸞堂整合」、「鳳邑儒教聯堂」、「鸞堂認同」、「宗教登記」等議題,作為討論。

一、儒教運動到鸞堂整合

儒教運動最早可以追溯到清代詩社、文社、鸞堂、善社等民間儒教結社,這些儒教結社於日治中期頗為興盛與活躍。李世偉將民間儒教結社區分為「學藝性」和「宗教性」兩種,學藝性儒教包含文社、詩社與新興儒教團體;鸞堂與善社則歸類為宗教性儒教,背後成員組成大致皆為傳統文人、士紳。[43] 比起學藝性儒教往官方靠攏,宗教性鸞堂與善社,更著重和百姓互動,這是其他民間儒教結社所欠缺。尤其鸞堂宗教屬性濃厚,正因為文人仕紳將本身儒家思想,賦予新的詮釋與宗教色彩,透過慈善救濟、施方濟世、宣講勸善及鸞書著作與傳播,將儒家義理深入一般民間,傳遞世人以達教化之功能。[44]

事實上,日治中期,即出現儒教報導,《臺灣日日新報》一篇〈孔子教義之研究〉:「夫儒者,宗孔子之教,則所謂儒教者,亦孔子之教也。」[45] 日人學者更把鸞堂定位為「儒教」。[46] 而鸞堂本身將「儒」視

---

43 李世偉,〈日治時期臺灣的儒教運動〉,收於李世偉,《臺灣佛教、儒教與民間信仰》(臺北:博揚文化事業有限公司,2008),頁 184-202。

44 李世偉,〈日據時期臺灣鸞堂的儒家教化〉,《臺北文獻》,(直字)122(1998),頁 65-77。

45 〈孔子教義之研究〉,《臺灣日日新報》日刊(1926 年 5 月 22 日),第 4 版。

46 增田福太郎,《臺灣本島人の宗教》(東京:財團法人明治聖德紀念學會,1935),頁 16。

為宗旨,又以儒門自稱,在此種情形下,社會逐漸將鸞堂與儒教產生連結。昭和12年(1937),楊明機扶鸞著造《儒門科範》,強調「以儒為宗,以神設教」,標榜「儒宗神教」來稱呼鸞堂,[47]突顯扶鸞活動帶有「儒教」的宗教性質,間接影響戰後多數鸞堂對於儒宗神教的認同與觀念,並以此稱呼自身。

日治末期總督府的宗教政策方針,皆脫離不了改善臺島民眾「陋習」想法。這對楊明機來說,在觀點上是相互符合,楊氏認為臺人需透過教化來重新塑造「正確觀念」,以改變原有的陋習。[48]藉由自身扶鸞的《儒門科範》,樹立「以儒為宗,以神為教」的觀念,以及鸞堂本身富含儒、釋、道三教合一的思維,將「儒宗神教」作為強化勸世之效益,積極用以整合相同信仰。戰後初期在楊明機推動下,各地雜誌出版發行推廣儒宗神教,可惜受限於鸞堂獨立自主性高,無法有共識,這波鸞堂初次整合,最終以失敗收場。

戰後受到政府當局政令影響,對宗教控管實屬嚴格,鸞堂積極想藉由整合爭取合法與認同性,以尋求自保。在鸞堂整合運動中,王志宇將其分為二類:一為區域性,由地方上設堂久、活動力強之鸞堂發起,以子堂為基礎發展與組織;二是全國性,繼楊明機之後,邱創煥曾召集全省鸞堂負責人,對大陸文革提出對應方案,王翼漢更建議組織鸞堂聯誼會,藉此整合鸞堂,起初受到國民黨支持,後續無經費支持而失敗收場。[49]

---

47 王見川,〈清末日據初期臺灣的「鸞堂」——兼論「儒宗神教」的形成〉,頁73-76。

48 邱延洲,〈日治時期的社會氛圍與《儒門科範》之編輯〉,《玄奘佛學研究》,3(2022),頁121-127。

49 王志宇,《台灣的恩主公信仰——儒宗神教與飛鸞勸化》,頁61-64。

第三章　誠心社明善堂創建與發展

綜觀戰後鳳山地區最早鸞堂區域性組織，應為民國47年（1958）所成立「鳳山地區宣講聯誼會」。會有這區域性鸞堂組織成立，起初關鍵來自鳳邑明新社養靈堂適逢完著首科鸞書《閱目省身》。誠心社明善堂正主席恩師曾示：

> 余前日臨養靈堂之時，受該堂正主席鍾部之邀，定於六月望日繳書，十六之夕高舉參贊燈謎大會，觀該《閱目省身》之出籠，真為舉世矚目之勸世良箴……茲派十數名之生與會是夕之燈謎……一者拜讚繳書之慶，以表恭祝之忱，並與會各堂堂生，互修臨堂同道之好……[50]

當時共派任堂內12位幹部堂生，前往拜讚明新社養靈堂完著首科金篇繳書祭儀，並於隔日共襄盛舉燈謎大會。據筆者檢閱創堂初期鸞文，正主席恩師會派任堂生前往與會，除引文原因外，似乎先前各堂宣講生就已有所接觸：

> <u>宣</u>迷善經盡德應，<u>講</u>友同會行成明，
> <u>諸</u>眾善友同參會，<u>位</u>君途甚醒迷氛。[51]

從降鸞藏頭的詩文可知，在參與這燈謎大會半年前，就有各鸞堂的宣講善友一同參會。爾後，前往參與的鳳邑各鸞堂幹部則有所共識，遂

50　不著撰人，〈鳳邑誠心社明善堂民國45年6月15日手抄鸞文〉（1956，未出版）。

51　不著撰人，〈鳳邑誠心社明善堂民國44年12月19日手抄鸞文〉（1955，未出版）。

即將其擴大為聯合宣講,從誠心社明善堂副主席恩師所言能知悉:

> 臨近各堂聯合宣講既成者,雖賴舉善、靈善、養靈等各幹生之勞力,但本堂郭生等之助力亦非輕矣!爾等須知宣化之重要,有始有終不以得功為念,修己化人為主互相提攜,切莫有因些少之歧見而爭論,致誤大事,並長存互研真理,以正偏見……茲暫派各講生如:
>
> 主講生:郭寶瓊
>
> 副主講生:鄭文鳳
>
> 講生:丁如龍
>
> 研究生:陳金城、辜慶堂、龔川、楊安心
>
> 以上受派各生力加研究真理並演法,推聖意而挽化迷眾,以耀堂光為要……[52]

由誠心社明善堂率先發起,推明新社養靈堂領導,結合靜心社舉善堂、修心社靈善堂、養心社啟善堂、啟明社樂善堂等鳳山地區鸞堂,定期派任宣講生前往各廟宇、鸞堂進行自主性公開宣講活動。也就是說,誠心社明善堂堂生會前往與會,以及欲聯合各鸞堂成立宣講聯誼會並非偶然,而是早有醞釀。

民國50年(1961),鳳山鎮鎮長暨修心社靈善堂堂主黃鐘靈發起,加上靜心社舉善堂、五甲協善堂、學心社慈善堂、啟明社樂善堂、誠心社明善堂、養心社啟善堂、明新社養靈堂、宣講社挽善堂、

---

[52] 不著撰人,〈鳳邑誠心社明善堂民國45年6月19日手抄鸞文〉(1956,未出版)。

五甲啟成堂、明德社喜善堂等 11 座鸞堂，一同參與成立「鳳邑儒教聯堂」。[53] 起初聯堂成立，用意並非整合各鸞堂，其目的只是聯合著造《明道》。此本鸞書完成後，鳳山宣講聯誼會被聯堂順勢吸收，從原先 6 座鸞堂擴大成為 11 座，聯堂組織運作亦轉變為至各地廟宇宣講，以及協助支援各聯堂繳書建醮祭儀。直至民國 68 年（1979）止，再有 17 座鸞堂陸續加入，並拓展成為聯誼會性質，時任第五屆主委吳兆麟欲積極整合聯堂內文疏與儀軌，但受限各鸞堂獨立自主性，最後無疾而終。[54] 吳兆麟初期之所以積極整合，應是受到中央推行文化復興運動影響，以及全臺各地鸞堂正踴躍進行整合運動。

國民政府遷臺後，積極推動儒教運動，延續以往崇孔尊禮，先於民國 41 年（1952）重新訂定孔子誕辰紀念日合併教師節為國定假日，再由官方主動舉行祭孔典禮及修繕孔廟，企圖將「儒教」與「孔子」畫上連結。1960 年代對岸共產黨進行「文化大革命」，將教育、傳統文化、宗教、古蹟等一切搗毀，國民黨趁機立定所謂的「文化正統」，積極推行三民主義思想，重構民族歷史、推行國語運動，以對臺灣文化進行改造，建構臺灣人中華民族意識觀念。

民國 55 年（1966）11 月 12 日，蔣中正適逢孫中山一百週年誕辰，發表〈國父一百晉一誕辰暨中山樓落成紀念文〉：

> 我中華民族文化⋯⋯至孔子始集其大成⋯⋯堯、舜、禹⋯⋯孔子聖聖相傳之道統，屢為邪說誣民者所毀傷⋯⋯幸

---

[53] 不著撰人，《明道》（高雄：鳳邑誠心社明善堂，2022 年再版），頁 7-18。

[54] 邱延洲，〈「鳳邑儒教聯堂」與臺灣南部鸞堂運動開展（1950-1979）〉，《高雄文獻》，5（3）（2015），頁 124-129。

> 我國父誕生,乃有三民主義之發明,而道統文化,又一次集其「充實而有光輝之謂大,大而化之之謂聖」之大成⋯⋯故余篤信倫理、民主、科學,乃三民主義思想之本質,亦即為中華民族傳統文化之基石也。[55]

文中宣揚三民主義與中國文化連結,強調這是所謂正統中華文化,是中華民族基石,塑造蔣中正繼承孫中山理念,以此強化臺灣作為中華文化正統性之所在。此外,更深入學校教育,強化公民教育與道德教育為主要儒家核心,藉以樹立「官方儒教」。李世偉認為,這種官方刻意朔造「官方儒教」和鸞堂本身「民間儒教」,剛好共享相同「儒家」文化價值,遂而衍伸出協力合作、順水推舟與逆伏而行三種模式。[56]

全國鸞堂整合方面,民國68年(1979)明道雜誌社暨贊天宮感化堂堂主黃謙禧等人,在日月潭召開臺灣地區鸞堂負責人座談會,共有五百多間鸞堂參與,向內政部以「儒宗神教」正名,但被官方拒絕,僅同意以「中華民國儒宗神教會」作登記。[57]對照時間點,當時各地鸞堂全面進行整合運動,欲運用本身帶有「儒教」色彩,藉此迎合當局政策理念,以求得認同。至民國86年(1997)集會結社條件放寬後,以鳳邑儒教聯堂組織內鸞堂會員為中心,中部聖教神明會為

---

55 中華文化復興運動委員會編,〈國父一百晉一誕辰暨中山樓落成紀念文〉,收於《總統蔣公倡導中華文化復興運動十週年紀念專輯》(臺北:中華文化復興運動委員會,1978),頁3-4。

56 李世偉,〈戰後國民政府與儒教團體之互動〉,《臺灣宗教研究》,11(2)(2012),頁81-98。

57 劉寧顏主纂,《重修臺灣省通志・卷三・住民志》(臺中:臺灣省文獻委員會,1992),頁946。

輔，結合有關鸞堂與寺廟組成「中國儒教會」,[58] 才正式取得官方政府的宗教認可。

綜合上述，鳳邑儒教聯堂整合共分兩次，一開始吳兆麟積極想將儒教聯堂內各鸞堂經懺與文疏統一，但這舉動卻忽略鸞堂存在有其自主性與獨特性，以致聯堂內多數鸞堂無法達成共識，而失敗收場；後續得以成功，轉變成立「中國儒教會」，除解嚴後政府對於宗教條件放鬆外，還有在所謂「儒教」認知上，得到多數鸞堂一致認同，畢竟鸞堂本來就已有身為「儒教」之建構。

二、鸞堂登記與認同

民國 34 年（1945）日軍宣布投降，臺灣脫離日本政府殖民統治，國民政府正式接收臺灣。同年 8 月蔣中正設置臺灣省行政公署，委派陳儀為行政長官，而後又兼任臺灣省警備總司令部的總司令，來臺灣進行接收事宜。[59] 民國 36 年（1947）公告〈倡導民間善良習俗實施辦法〉,[60] 對民間習俗婚喪儀禮、日常生活服裝、娛樂、觀念等進行倡導。同年再公告初步訂定的〈查禁民間不良習俗辦法〉,[61] 細則於隔年修正後隨即發布，加上國民政府對民間宗教有條件限制，據多次修正後，〈查禁民間不良習俗辦法〉中第 2 條第 1 款「崇拜神權迷信」嚴

---

58 李世偉,〈儒教會會志〉，收於中國儒教會編,《中國儒教會會志》（屏東：睿煜出版社，2008），頁 8。

59 臺灣省行政長官公署秘書處編輯室,《臺灣省行政長官公署公報》，冬：1（1945），頁 1。

60 臺灣省行政長官公署秘書處編輯室,《臺灣省行政長官公署公報》，春：41（1947），頁 640-641。

61 臺灣省行政長官公署秘書處編輯室,《臺灣省行政長官公署公報》，春：3（1947），頁 35-36。

加禁止。所謂神權迷信之種類共有九項,尤其第四項「設立社壇降鸞扶乩者」,足以顯示政府當局針對「降鸞扶乩」行為,有明確禁止。

值得注意是,諸如細項內其他條例提及的:「崇奉邪教開堂惑眾者」、「妄造符咒圖讖預言或散佈此類文字圖畫者」、「印刷或販賣傳播迷者書籍傳單及圖畫者」、「假託神權迷信,從事其他非法活動及秘密結社者」等,[62] 全與鸞堂儀式和活動有著極大相關聯性。綜觀上述細項如查獲不法,斟酌情形輕處以罰鍰或強制解散,最重則移送法辦。

雖說國民政府有其法令明確禁止降鸞扶乩之行為,實際上政府當局卻採取漠視態度處理,從結果論來看,顯然鸞堂未受到取締與查禁,反而陸續有新鸞堂設立。就鳳山地區鸞堂而言,戰後至少三十餘間鸞堂相繼成立,[63] 然而,同樣擁有扶乩儀式一貫道,卻呈現兩樣情,徹底遭國民政府的掃蕩與打壓。[64] 縱然官方對鸞堂未落實真正查禁行動,但在鸞堂認定其身為儒教這宗教屬性上並不承認,僅認同「儒教」是所謂哲學思想學說。[65] 此情況下,鸞堂宗教定位顯得不明。

若以寺廟宗教相關法條來看,國民政府多沿用在大陸時所頒布條例,最早採用民國18年(1929)所制定的《寺廟管理條例》,此條

---

62 臺灣省政府秘書處,《臺灣省政府公報》,秋:72(1948),頁858。

63 鳳邑儒教聯堂著,〈鳳邑儒教概況繳書建醮各種文疏藍本〉(高雄:鳳邑儒教聯堂,1979),頁6。

64 臺灣省政府秘書處,《臺灣省政府公報》,夏:67(1947),頁319-320;宋光宇,《天道傳燈——一貫道與現代社會》(臺北:王啟明出版發行,1996),頁187-188。

65 蔣中正,〈反攻戰爭是弔民伐罪的革命戰爭〉,收於秦孝儀主編,《總統蔣公思想言論總集(卷三十九)》(臺北:中國國民黨中央委員會黨史委員會,1984),頁112。

例共 21 條，大多承襲《修正管理寺廟條例》，條例公布後引起各界反彈。[66]爾後，重新起草制定《監督寺廟條例》，該條例共有 13 條條文，雖名為監督寺廟條例，實質上只對寺廟的財產、法物、財產等方面行規範。[67]且此條文於訓政時期訂定，只針對寺廟，不適用其他宗教，卻成為往後《宗教法》中唯一依據並延續至今。

民國 42 年（1953）省政府公告〈辦理寺廟總登記應行注意事項〉，要求填妥寺廟宗教類別、祭祀主神、廟宇名稱、管理人姓名等，特別載明淫神邪祠及有礙公共秩序善良風俗之寺廟一律不可申請登記，[68]鸞堂這時在宗教定位顯得尷尬。隨後，欲新建、修復寺廟者，則以「配合社會改造運動，改善不良習俗」為理由，行公告〈臺灣省修建寺廟庵觀應行注意事項〉，[69]核准建築完竣後，需再依照〈寺廟登記規則〉辦理登記。藉由規定與法令，政府試圖限制寺廟登記、興建、修築甚至主持管理人身分，對象涵蓋佛、道兩教，用意全為管控每座寺廟。

在這樣時空背景下，鸞堂如欲籌組新建堂所，必須向官方依序提出申請登記。需注意到，鸞堂受到日治時期儒教運動影響與建構，其自身普遍已有「儒教」之認同，登記方面，勢必會選擇「儒教」作為教派登記。不過，省政府卻於民國 46 年（1957）公告儒教並非宗教團體，理由為「學說不一未成定論，且未設立教會無傳教行為，自不

---

66 黃慶生，《我國宗教團體法治之研究》（桃園：銘傳大學公共事務研究所碩士論文，2003），頁 126-141。
67 國民政府編，《國民政府公報》，340 期（1929 年 12 月 7 日），頁 1-3。
68 臺灣省政府秘書處，《臺灣省政府公報》，冬：71（1953），頁 798。
69 臺灣省政府秘書處，《臺灣省政府公報》，秋：34（1954），頁 444-445。

能視為宗教團體」，[70] 這公告布達，間接宣告鸞堂如欲登記儒教成為宗教的想法失敗。

　　當局政府之所以特別公告，明確拒絕儒教成為宗教，總歸還是受到「辦理寺廟總登記事項補充規定」影響。民國45年（1956）因多數寺廟管理人不諳規定，而未申請登記，以致漏列登記証字號與「教別者」極多，官方政府再次電函各縣市政府，提供格式要求重新填製，若未依規定登記，則會依〈寺廟登記規則〉第11條，強制執行與撤換管理人。[71] 由此可知，民國42年（1953）公告寺廟總登記後，多數宗教團體並未依照規定進行登記，須按指定格式再次填製教別。

　　然而，政府當局會特別宣告儒教並非宗教團體，研判應是鸞堂趁勢登記為「儒教」，用以爭取政府對其認同與宗教合法性，此舉讓官方不得不出面澄清說明，這也導致鸞堂在後續宗教登記上，轉往尋求以官方所承認之「道教」、「佛教」為主。

　　帶有民間信仰要素的鸞堂，因其教別定位而欲尋求官方認同，不料卻以失敗收場，進而影響到戰後鸞堂獨自建築堂所與宗教登記問題。從表3-1整理鳳山地區幾處鸞堂來看，其可分為寄祀、共祀、擁有獨立堂所等三種類型。以寄祀來說，誠心社明善堂創堂即設置庄廟赤山文衡殿內，故無寺廟登記問題，對外則以赤山文衡殿為主；又如五甲協善堂與心德堂共祀，因此選擇登記心德堂所歸屬的佛教。此兩種類型，看得出鸞堂因未獲得正式宗教登記，藉以隱身地方公廟內，避免碰觸當局法條與規避查緝之舉動。

70　臺灣省政府秘書處，《臺灣省政府公報》，夏：18（1957），頁221。
71　臺灣省政府秘書處，《臺灣省政府公報》，春：47（1956），頁498。

擁有獨立堂址部分，若以民國45年（1956）宣布寺廟總登記作為依據，在這之前早已有獨立堂所的修心社靈善堂，登記主祀神像為「孔夫子」、「關聖帝君」，以及堂內正主席「王天君」，而在宗教派別選擇，一律填寫「道教」。[72] 筆者認為，會同時登記多位主神，乃因國民政府並不承認孔夫子為某一教派與神祇，故無法單獨進行登記。因此退而求其次，將鸞堂恩主之一關聖帝君，或者多數人認知的道教神祇作為登記代表，甚至，將鸞堂內奉祀主神正主席也一同納入。

表3-1　鳳山地區鸞堂

名稱	創建年分	建堂所年分	鸞堂類型	登記主祀神像	登記教派	備註
誠心社明善堂	1954	無	寄祀赤山文衡殿	關聖帝君	無	2020年登記成為社團法人
五甲協善堂	1917	1922	共祀心德堂	觀音佛祖四聖恩主	佛教	已合祀成為五甲協善心德堂
修心社靈善堂	1947	1949	獨立	孔夫子關聖帝君王天君	道教	登記主神已改為王天君
靜心社舉善堂	1927	1959	獨立	孔夫子關聖帝君	道教	登記主神已改為關聖帝君
養心社啟善堂	1954	1969	獨立	孔夫子關聖帝君	道教	登記主神已改為關聖帝君
啟展社樂善堂	1952	1976	獨立	孔夫子張天師	道教	登記主神已改為張天師

資料來源：林衡道，《臺灣寺廟概覽》（臺中：臺灣省文獻委員會，1978），頁354；林衡道，《臺灣寺廟大全》（臺中：臺灣省文獻委員會，1974），頁265-267；高雄縣政府，《高雄縣宗教之美專書上冊》，頁3-36；吳振豐2020年12月15日至2023年2月10日田野調查。

72　林衡道，《臺灣寺廟概覽》（臺中：臺灣省文獻委員會，1978），頁354-357。

民國 45 年（1956）後欲興建獨立堂址的靜心社舉善堂、養心社啟善堂、啟明社樂善堂，不管是在申請建廟或是寺廟登記上，則已有先前各鸞堂登記經驗參考，對教派與其主神登記上，勢必懂得尋求閃躲，以避官方否決，使能順利完成。這現象從戰後持續至解嚴後，人民真正擁有宗教自由，這些獨立鸞堂才將登記主神，變更為堂內崇祀正主席或關恩主，教派也更改為鸞堂其自身認定「儒教」。

　　的確，在那樣時空背景中，中央政府未能認同「儒教」，加上戒嚴管控下，人民無法擁有宗教自由。鸞堂在宗教定位與認知方面，為因應法令，配合官方政策，多數選擇用「道教」作為登記依據，避免觸碰敏感界線，藉規避政府查緝和尋求政治下的認同，不行正面衝突，似乎符合常理。

第三節　誠心社明善堂組織與儀式運作

　　鸞堂，廣義來說，為奉祀恩主與神祇場域的空間；狹義則意指固定時間透過「飛鸞勸化」宗教儀式行為，用以教化世人之「宗教場所」。行扶鸞儀式背後需要一定規模人員，來支撐整個儀式運作，以利活動持續進行。鸞堂對於內部管理，有一套獨特的組織系統，鳳山鸞堂多以「堂務」和「鸞務」區分之。以下就誠心社明善堂的組織架構分別說明，堂務與鸞務差異何在，又如何運作，並介紹當前誠心社明善堂內部進行祭儀。

一、組織架構

　　鸞堂組織分工細膩，與坊間常見宗教寺廟管理組織不同，有一套獨特系統模式運作。王世慶認為鸞堂屬民間結社，組織內部分工多

元細膩，各堂有訂定堂規列律。[73] 鄭志明則指出，鸞堂由堂主領銜，副堂主輔佐，組織為：「堂主→副堂主→正鸞生→內（外）監鸞→校正生→唱鸞生→紀錄生→宣講生→茶菓生→接駕生→鐘鼓生→效勞生（鸞生）」。[74] 鸞堂依規模大小、閩客族群、北中南各地等有所差異，組織內職稱也不盡相同。

特別注意，鸞堂排他性極強，帶有神秘性，不如一般常見民間信仰寺廟採開放式，以提供場地祭祀為主。鸞堂宗旨強調修身、教化，若要成為堂內成員，有既定條件與資格，需要透過「宣誓」動作來稟告鸞堂內所奉祀神祇，方代表完全成為鸞堂信仰者。筆者於民國108年（2019）接觸誠心社明善堂一段時間參摩觀禮後，堂主詢問筆者是否有意願宣誓成為堂生，在某期扶鸞儀式最後，跪拜桌前由恩師監視，並持誠心社明善堂宣誓詞：

茲生○○○今○○○年○○月○○日，願入鳳邑誠心社明善堂，佫遵堂規例律，師訓，願以奉行不違，並行功立德。
此願　　　　　立願人：○○○[75]

闡明姓名、生辰八字、宣誓時間，將文疏焚化於香爐即完成，等同正式成為鸞下生，算是拜此鸞堂神祇為恩師概念。而身為鸞生這只是進入鸞堂第一步驟，畢竟，要先具有鸞生的身分資格，才會有被指派職務的可能。

73　王世慶，〈日據初期臺灣之降筆會與戒烟運動〉，頁 119-124。
74　鄭志明，《臺灣民間宗教論集》，頁 126-128。
75　不著撰人，〈鳳邑誠心社明善堂宣誓詞〉，未出版，年代不詳，鳳邑誠心社明善堂提供。

鸞堂組織分為兩大部分：一是「堂務」，為管理鸞堂組織單位；另一則為「鸞務」，意指有關扶鸞一切事務。兩者在人員任用上較為獨特，不同於傳統民間信仰廟宇執事人員為推選派任，鸞務與堂務任職人員則是由鸞堂神祇親自指派。任職時間方面，沒有固定年限與週期，堂生可同時身兼數職。依筆者田野調查，鳳山地區鸞堂，重新派任職通常落在鸞書頒行後，且不管堂務或鸞務，皆為堂主所領導，副堂主輔佐協助，形成完整鸞堂組織架構（圖 3-5）。

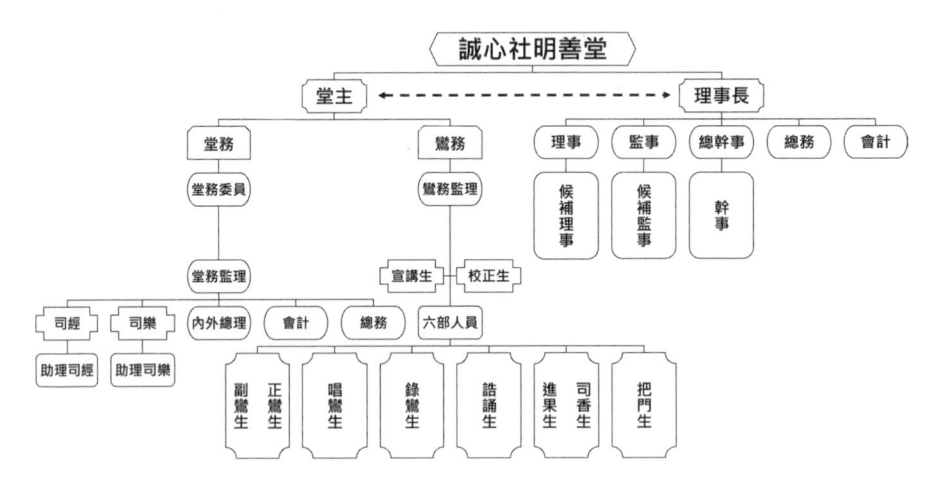

圖 3-5　誠心社明善堂組織圖
說明：理事長為堂主所任。
資料來源：吳振豐繪製。

（一）堂務

堂務是鸞堂對內外事務運作的一項管理組織，在職缺和人員選用上，由鸞堂恩師親自派任，任職沒有固定時間與週期，通常重新派任職務，變動時間會落在鸞書頒行後，以誠心社明善堂第一科《正風》鸞書為例：

謹將本堂諸生奉派執事列左

奉　派正堂主兼唱鸞生　郭玄修
奉　派副堂主兼唱鸞生　鄭徹修
奉　派董事　　　　　　陳宏修……[76]

再據民國109（2020）年完著第八科金篇《正法》，所登載堂務人員：

奉命派本堂堂務委員：
王睦修、林真修、黃弼修、林才修、蔡賢修、邱誠修、吳仁修、吳勇修、吳虔修、林恭修、柯智修、邱英修、鄭鴻修、鄭信修
奉派本堂堂主　　　林真修
奉派本堂副堂主　　吳秀修、黃弼修、蔡賢修
奉派本堂堂務監理　林才修
奉派本堂女執事：
吳秀修、鄭碧修、吳宜修、陳皈修、錢采修、鄭淳修、鄭蓮修、許杏修、楊圯修、廖守修、方漾修、黃慈修、趙止修
奉派本堂鸞務監理　蔡賢修……[77]

可以觀察到，早期誠心社明善堂堂務派職，構成較為簡易，只有單獨

---

[76] 「〇修」為南天賦予誠心社明善堂鸞生的道號，並非每位皆有，某種層面為肯定意涵。不著撰人，〈鳳邑誠心社明善堂民國45年12月3日手抄鸞文〉（1956，未出版）。

[77] 不著撰人，〈奉命本堂堂生司職如下〉，收於鳳邑誠心社明善堂，《正法》（高雄：鳳邑誠心社明善堂，2020），頁24-28。

一名董事，其因乃參與人數不多，加上草創階段，組織與人力尚在穩定成長，綜觀現今堂務組成，更細分到男女委員擁有各數十名。

然而，誠心社明善堂早期就有派任女執事的紀錄，據第三科《衛道》鸞書記載：

> 奉派　本堂女執事
> 陳順修、曾玉香、歐寶鳳、陳水蓮……[78]

1960 年代左右，堂務委員名單內就已有增設女執事，人員數量亦從原先 4 名，擴增到現今擁有 13 名女執事，這能看出，對於堂務委員派任，不再只是偏重單一性別，而是漸漸取得平衡。

堂務委員重責，乃在鸞堂面臨重大決策時，負責進行開會討論、溝通、投票、決議是否執行。雖然堂務委員們都為恩師所指派，但筆者對照誠心社明善堂歷年來的名單，發現到早期堂務委員任用，多為地方具有影響力之堂生，或許是藉由他們力量來協助鸞堂運作、推行。不僅如此，派任人員也多與鸞務六部重疊，尤其正鸞、副鸞、唱鸞、錄鸞、誥誦之職，畢竟如面臨欲著造鸞書此重大要事，除經部、樂部、金錢花費、人員的參與安排等外，任職六部堂生同意與否就顯得相當重要，故在派職上多有所重疊。

除此之外，堂務內涵括最重要「經部」和「樂部」兩大部門，是鸞堂極為重要發展表徵。成員全由堂生所組成，負責鸞堂一切祭儀和活動配合，以使祭聖、普度、著書祭儀能順暢進行。簡言之，鸞堂事

---

78 不著撰人，〈奉派　本堂諸生執事列左〉，收於鳳邑誠心社明善堂，《衛道》（高雄：鳳邑誠心社明善堂，1968），頁 24。

務運作是否順遂，將取決於堂內經部、樂部活動程度。

(二) 鸞務

所謂鸞務意指扶鸞儀式進行所需人員職位，為鸞堂存在之根本。由鸞務監理協助堂主，負責督導扶鸞儀式一切。按日治初期的調查，有鸞手、傳宣、抄錄、司香茶、迎送、請誦等人，[79] 後來為躲避日警追緝，設有「走使生」一職。[80] 鄭志明指出，鸞堂信仰者並無階級之分，但扶鸞時則有正鸞生、監鸞生、校正生、唱鸞生、紀錄生、宣講生、茶菓生、接駕生、鐘鼓生等職務派任。[81] 大致來說，堂務會依照規模大小與堂生人數多寡而細分職務，各堂不一，但鸞務組成，其用意為使扶鸞儀式運轉順利進行。〈鳳邑誠心社明善堂聖示堂規列律〉清楚羅列鸞務內職責分工與需遵守規律，如下：

　　三、左右鸞手堂規遵守，期期候駕，莫偷懶惰，靜心養性，侍迎聖真，遵規禮訓，切莫胡思亂想，花天酒地，免致亂神，信實為重，不朽名芳，期期速到靜心，規律誓遵，切記確守。

　　四、唱鸞正副，規律禮法宜確重遵，鸞盤桃柳聖神降筆揮毫，字字明唱，精神一貫，切勿置之罔聞，不偏不倚，中庸規訓，無貪懶之心，事神虔誠，堅志任職，務清私情，功

---

[79] 臺灣慣習研究會，〈妖教會報〉，收於臺灣慣習研究會編，《臺灣慣習記事第壹卷・第十一號》，頁 89-93。

[80] 許玉河，〈澎湖鸞堂發展史〉，《臺灣文獻》，54（4）（2003），頁 173-174。

[81] 鄭志明，《台灣宗教的發展與變遷》（臺北：文津出版社有限公司，2011），頁 70。

上加功，顯耀門庭，致切致敬。

五、謄錄生正副遵守，期期侍候禮儒門，靜心養神能相應，文句謄錄楷宇精，詩詞歌賦符規格，宇句點綴復唱明，候駕堂前六部內，常遵規矩表真誠，有功加給名顯達，違背受譴照規程，凜遵聖訓。

六、祀香執掌壇界清，行動順序勿亂程，事神朝禮須誠敬，香煙裊裊在神前，遵重孝道仁義守，修身規禮在堂行，立善立功奇遇得，任職矢志福長興。

七、進果生中任職遵，果茶清靜應籌存，順序虔誠禮勿失，檢點茶果保芳芬，中無雜念心誠敬，有違重譴照規喧，成名待後禎祥得，期期應候聽經文，顯達門風樂天倫。

八、誥誦生：誥誦經文點點真，宇字明句誦唸真，請神請佛虔誠意，真心誦唸達天真，稽首頓首行頂禮，禮法嚴守候勞勤，規律垂存任職掛，勤勞候應功非輕，上超祖先能拔引，下蔭子孫福祿臻，勿違規律能守訓，切勤切應感聖神。

九、迎送候駕各等生，在堂候應勞無停，真候真性心當靜，經書至意究察明，迎神頂禮須守靜，細聽良言法堪稱，規行矩步真誠敬，堂室遵守勿亂行，黽勉勤勞成功日，受賜福祿顯門庭，各宜凜遵切勿忽。

十、把門生：把守門庭須用功，內外清淨相幫忙，化外諸子勿亂進，若要先稟勿猖狂，衣服整齊方引入，無遵禮法罪難當，內外靜侍迎仙佛，細聽經書一樣功，期期速到能勉

力，洗掃內外正氣先，後此任職能遵守，福有由來老少同。[82]

上述例律為誠心社明善堂對鸞生所制定堂規準則，從六部人員到一般迎送生，皆有個別要求與行事要領，尤其六部人員需各司其職，相互搭配合作，使扶鸞儀式進行順暢。

「六部」鸞生，為鳳山地區鸞堂內常見用語，是鸞堂的核心角色，維持鸞堂「扶鸞」運作的關鍵，包含正（副）鸞生、唱鸞生、錄鸞生、誥誦生、司香（茶菓）生、把門生。其中又以正鸞生最為重要，某期誠心社明善堂恩師有所示：

> 堂之興敗，乃在正鸞生之責……正鸞生修養內功精氣神飽滿，而連結配合外，堂中謹守肅靜，始得神人合璧之美也……靜心養性之道，乃為真正扶鸞之要決……[83]

一座鸞堂之能興盛，全肩負在正鸞生身上。也就是說，若沒有正鸞生握筆扶鸞，則無法與神溝通，進而扶出文字，是鸞堂行扶鸞儀式運作中樞。黃有興指出正鸞人選為堂主推薦，立誓經七七四十九天訓練後上稟金闕，立「教鸞童子」神位，正式開始扶鸞訓練。[84] 但這是澎湖地區鸞堂對正鸞生選用模式，並不通用，因鸞堂自主性高，各地區域擇用方式也不盡相同。鳳山地區鸞堂內有教鸞童子之神職，以作為教導正鸞「普練」，但未設立神位與列位鸞堂奉祀神祇名單之中。

---

82 不著撰人，〈鳳邑誠心社明善堂聖示堂規例律〉（立於誠心社明善堂內）。

83 不著撰人，〈鳳邑誠心社明善堂民國 76 年 11 月 3 日手抄鸞文〉（1987，未出版）。

84 黃有興，《澎湖的民間信仰》，頁 71。

「普練」為鳳山地區鸞堂常見用語，指六部人員在其職務尚未認同前，所需經歷之訓練過程。以筆者自身經驗，通常不同六部職位，其普練時間長短不一，短則數年，長則數十年，而正式宣告能勝任該職，都以著造鸞書後重新發布職位作為依據。簡言之，若某日被指派該職，則表示受到恩師們認同，正式成為該職位代表堂生。

那所謂六部鸞生是如何擇用？就誠心社明善堂六部人員選定人選方式來看，可分為兩種：一為神明親自指派，需歷經普練後才能正式升任；二為堂主、幹部們認為符合條件，稟告恩師們待同意後才得以進行。不管是哪種，都需經由神祇認同，方能進行普練動作。誠心社明善堂正主席恩師曾示：

> 莊生如今歲之春，普練肇始，雖無以期期以效，諒其路遙，仍守初志，余本早有命派正鸞之意，卻至今宵方佈此示……[85]

引文中得知，普練正鸞生需經一段時間，過程訓練並不會有確切時間，待合格後會由鸞堂內恩師告知，即表示成為一位合格鸞手（正鸞生）。其餘六部鸞生也遵循相同方式進行「普練」，採每期扶鸞過程將其職責熟捻。

畢竟，要完成一場扶鸞儀式，需仰賴六部鸞生相互協助配合，才能得以順利進行，而當中又以副鸞、唱鸞、錄鸞三生最為重要。乃因扶鸞時，有著神聖空間，非上述職位者，不能列席正鸞生兩旁。而

---

85 不著撰人，〈鳳邑誠心社明善堂民國 109 年 9 月 26 日手抄鸞文〉（2020，未出版）。

且沒有副鸞輔佐正鸞生握筆推動，文字難以扶出；若無唱鸞生唱出文字，錄鸞生沒辦法謄寫字語，正確鸞文則無法顯示。需注意到，六部各司有其神聖性與特殊性，任其職皆不得僭越，如創堂初年，誠心社明善堂主壇恩師就有訓示：

> 郭生你亂派鸞手……鸞手六部主席無派者不可亂請……以後六部主席無旨代派各位神祇者，不可亂動……[86]

從引文中可略知，當時郭生（堂主）因某緣由自行調派他人擔任鸞手，這事卻隨即遭主壇恩師訓示，明確指出六部需要正主席旨派。也就是說，就算同為六部職司人員，需各司其職，不可任意僭越。

綜觀誠心社明善堂以往在六部的派職，雖然都需經由神祇認同指派，方能進行職務訓練，但在派任人選任用似乎有著脈絡可循。以創堂早期來說，六部內的正副鸞、唱鸞、錄鸞與誥誦生，相較司香（茶菓）生和把門生門檻來得高，主要原因都需接觸文字且要有基本文學造詣，故識字便是先決條件。當今教育水平高，不識字者甚少，六部人員派職多以年輕堂生擔任錄鸞生，且性別不再如早期只著重男性，近幾年來已有女性堂生擔任六部要職，這樣改變下，除能適才所用與經驗傳承外，亦能藉由背負職務責任感來推動鸞堂進行。

此外，歸屬鸞務內職位還有宣講生與校正生，但兩者不屬六部成員。當前誠心社明善堂宣講生一職屬常態性，為宣達神祇神意代表人，平時任務乃鸞文的宣傳講解，事前需準備大量相關資料，要有深

---

[86] 不著撰人，〈鳳邑誠心社明善堂民國44年10月19日手抄鸞文〉（1955，未出版）。

厚文學基礎，方能將鸞文、詩句意領神會，完整傳達神祇之神意與意涵。校正生則非常態，為著造鸞書時才有命派，主要司職鸞文修正潤飾。當一篇鸞文產生後，經校正生通順與潤飾語意，待最後完著集篇收錄，稟告恩師確認無誤後，才能定稿印製，這亦突顯校正生在著書期間之重要性與代表性。

查閱歷年來誠心社明善堂所頒行鸞書，能發現校正生和宣講生多為錄鸞生與唱鸞生兼任，這兩職位作為第一手接觸鸞文之人，本就具有深厚文學素養及豐富文化造詣，方能勝任此兩者之職務。

（三）社團法人同修會

誠心社明善堂創立後，即寄祀赤山文衡殿內，亦因沒有獨立空間堂址，不受政府寺廟總登記影響。戰後赤山文衡殿歷代管理人登記者為許天賜、沈義、鄭真襲、鄭水池等人，其共同點皆曾任鳳山鎮（市）民代表，並同時擁有地方菁英和堂生幹部雙重身分，加上廟內無正式管理組織，故廟內祭祀、管理等大小事宜全仰賴堂生的協助與處理。簡言之，誠心社明善堂一直都未有正式宗教登記與身分，對外都以赤山文衡殿作為代表。

直至民國109年（2020），誠心社明善堂欲申請將「扶鸞著書儀典」登錄成為高雄市政府無形文化資產，但按《文化資產保存法》規定，其保存者需有正式宗教登記身分，據此，誠心社明善堂才向相關單位提出申請，成立社團法人同修會。[87]

同年，高雄市政府文化局依據《文化資產保存法》第91條，以及《民俗登陸認定及廢止審查辦法》第2、4、5條，認為誠心社明善

---

[87] 不著撰人，〈高雄市人民團體立案證書〉（立於誠心社明善堂內）。

圖 3-6　誠心社明善堂扶鸞儀式與龍頭樣式鸞筆
資料來源：吳振豐拍攝。

堂具有「民間高度認同，並持續自主、自發參與」、「顯著反映族群或地方社會生活與文化之特色」、「其表現形式及實踐仍保留一定之傳統方式」，將「鳳邑鸞堂扶鸞著書儀典」登錄為高雄市政府無形文化資產，認定「誠心社明善堂同修會」成為保存者[88]

　　成立後的管理組織同修會，以作為高雄市政府文化局文化資產的保存團體，成員由堂生所組成，組織架構為理事長領之，旗下配有各理事、監事、總務、會計與總幹事，各職位全由堂生所推選擔任。

二、飛鸞勸化與著造鸞書

　　鸞堂最重要宗教儀式為飛鸞勸化。「飛鸞」意指桃枝柳筆製成 Y 字型鸞筆，快速在桌面上書寫，這整個儀式也稱作扶鸞。鸞堂藉由扶鸞儀式來勸化世人，行代天宣化之意，「救世、渡世、醒世」更可代表整個鸞堂核心宗旨（圖 3-6）。

88　高雄市政府編，《高雄市政府公報》，冬：8（2020），頁 1。

赤山文衡殿重建完工後，誠心社明善堂遷回二樓西廂處，走道末端為靜室，是扶鸞前正鸞生靜坐空間，任何人不能隨意進入避免打擾。圖3-7、3-8可知中間為祭祀空間，奉祀三恩主（關聖帝君、孚佑帝君、太白金星）及孔夫子（至聖先師、文昌帝君、倉頡元君）聖座，依序左右有客神桌與太師椅，是供堂內奉祀神明使用。

鸞堂對扶鸞儀式進行有著嚴格限制，非副鸞生、唱鸞生、錄鸞生、誥誦生等不能列席於桌前，其餘人等需於下方排列而座，未被派職之人又稱「迎送生」，不得進入扶鸞空間。筆者身為錄鸞生親自觀察扶鸞程序如下：

> 晚上8點半結束宣講後，堂生步上二樓，各司其職就其位置，其餘未派職鸞生依序而坐，響鈴後正鸞生走出靜室至桌前，六部鸞生向聖座一同鞠躬行禮，隨即正、副鸞生握立鸞筆，由誥誦生帶領誥誦《五淨咒》，待鸞筆搖晃向下敲動時代表神祇已降鸞，此時會扶寫神祇聖號，全體堂生低頭恭迎，至鸞筆寫「賜起各生」後便開始進行扶鸞儀式，同時進香生、進菓生行敬茶、敬菓、敬香之動作，誥誦生入列而坐。

> 扶鸞儀式開始後，唱鸞生一一報出扶出字句，正確字無誤，鸞筆便向下敲動，錄鸞生即刻抄寫，如唱鸞生報出字有誤，鸞筆立即更改再次寫出，其餘唱、錄鸞生也能報唱，直到報出正確文字。最後鸞筆立定後表示此篇鸞文已結束。此時錄鸞生需將剛所扶鸞文字一一宣讀，如有誤，鸞筆會立馬向下敲動更正，無後續請示事宜，鸞筆會寫出「賜回」，即代

第三章　誠心社明善堂創建與發展

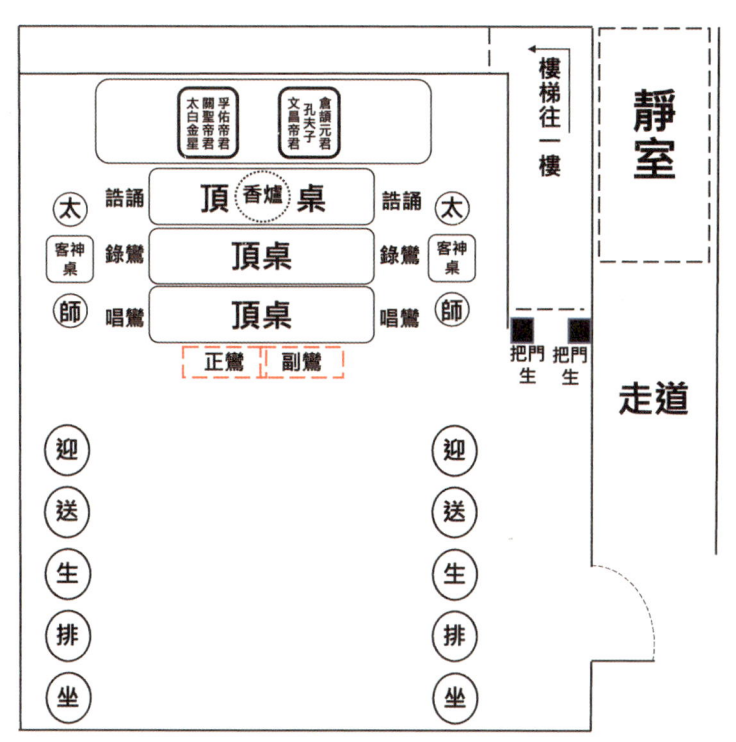

圖 3-7　誠心社明善堂扶鸞空間示意圖
資料來源：吳振豐繪製。

圖 3-8　誠心社明善堂堂內空間
資料來源：吳振豐拍攝。

105

表這次扶鸞儀式結束。[89]

上述為完整扶鸞儀式（可參見圖 3-9 至 3-12），若有堂外神祇降臨本堂揮筆，扶鸞過程會有些許不同，如下：

> 本堂副馳騁元帥　到
> 　　報報北港朝天宮天上聖母臨堂，各生遵規守禮迎駕。
> 北港朝天宮天上聖母　降
> 　　話……[90]

鸞筆向下敲動後，會先由本堂恩師，先行報神祇聖號給堂生知悉，接續會再報明「某神祇即刻臨堂各生遵規守禮迎駕」，這時全體堂生低頭恭迎，鸞筆會舉起高於鸞手（正鸞生）頭頂，待鸞筆向下敲動時，即表示來訪神祇已降鸞，接續報其自身聖號。

鸞堂特別地方在於，每次鸞期所蒞臨揮筆降鸞神祇都不太一樣，無法事先得知，這也讓扶鸞儀式充滿「神秘性」。筆者長期參與觀察，大致歸類每期臨堂降鸞神祇，以頻率來說，堂內恩師最為常見，其次為各地公廟神祇；三恩主、三官大帝、南北斗星君、孔夫子、太上老君、如來佛祖等上界神祇則僅有著書之期，才會蒞臨揮筆降鸞，且來臨前的鸞期會由堂內恩師先行通知，需於堂外提早設案誦經（圖 3-13）；已故前賢堂生頻率最低，通常為著書圓滿完成後，藉由述說功果印證實例才會出現（圖 3-14）。

---

[89] 筆者於 2019 年至 2024 年參與觀察。

[90] 不著撰人，〈鳳邑誠心社明善堂民國 109 年 6 月 13 日手抄鸞文〉（2020，未出版）。

第三章　誠心社明善堂創建與發展

圖 3-9　神祇即刻降臨扶鸞
資料來源：吳振豐拍攝。

圖 3-10　扶鸞儀式進行
說明：正鸞生與副鸞生握筆扶鸞書寫後，由唱鸞生報唱字句、錄鸞生即刻抄
　　　寫。
資料來源：吳振豐拍攝。

圖 3-11　鸞筆立定待扶鸞文字宣讀
資料來源：吳振豐拍攝。

圖 3-12　代天宣化聖座與恩主、正主席金印
資料來源：吳振豐拍攝。

圖 3-13　堂生提早於堂外置壇誦經待恩主蒞臨
資料來源：吳振豐拍攝。

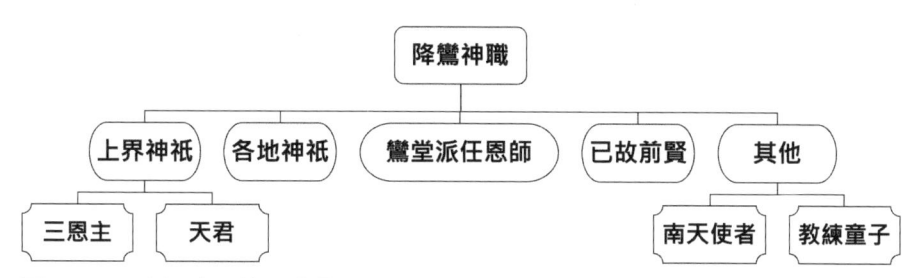

圖 3-14　誠心社明善堂降鸞神祇示意圖
資料來源：吳振豐繪製。

除平時鸞期的飛鸞勸化之外，鸞堂內部另一大要事即為著造鸞書。所謂的「著書」即是著造鸞書，是指鸞堂會在某段時間內，透過「扶鸞」儀式，將蒞臨聖、神、仙、佛所降鸞、扶寫之鸞文，經校正生校正，累積收錄後編輯成冊。簡而言之，鸞書乃扶鸞儀式文本化下的產物，用以教化世人，勸人為善之書籍，然依照各區域不同，有著不一樣的進行方式。

鳳邑地區鸞堂在著造鸞書有其獨特祭儀，需經「請旨開著」、「恭接玉詔」、「完竣繳書」和「恭送書灰」四大儀式，[91] 方能出版發行流通於世。誠心社明善堂創堂七十載，至今著造發行鸞書僅有 8 本（表 3-2），平均為期九年才得有一科著書機會，再花費一至二年時間，收錄鸞文出版而成。雖過程長久且耗費眾多精力、精神與金錢，不過，鸞堂卻視此事為一大榮耀，不僅參與堂生能累積功德，還能拔薦祖先，庇蔭後代子孫，這也突顯其珍貴與特殊性。

---

[91] 邱延洲，〈鳳山地區送書灰儀式的初步考察〉，《高雄文獻》，3（3）（2013），頁 116-123。

誠心社明善堂至今仍沿襲傳統，完整保留著書祭儀，堂生及友堂對於各項儀典可自主、自發性地參與，且分工十分詳細，得以實踐、傳承、延續，是少數擁有完善鸞務及堂務系統，能著造鸞書之鸞堂。據此，高雄市政府文化局於民國109年（2020）以具有「民間高度認同，並持續自主、自發參與」、「顯著反映族群或地方社會生活與文化之特色」、「其表現形式及實踐仍保留一定之傳統方式」三大理由，將「鳳邑鸞堂扶鸞著書儀典」登錄成為無形文化資產。[92]

表 3-2　誠心社明善堂著造鸞書名冊一覽表

次數	鸞書名稱	著造時間	時任堂主	備註
1	《正風》	民國 46 年（丁酉）	郭寶瓊	
2	《明道》	民國 50 年（辛丑）		鳳邑儒教聯堂合著
3	《衛道》	民國 56 年（丁未）	鄭文鳳	
4	《正道》	民國 62 年（癸丑）	沈義	
5	《弘道》	民國 71 年（壬戌）	丁如龍	
6	《忠恕之道》	民國 86 年（丁丑）	鄭文鳳	
7	《浮生映道》	民國 93 年（甲申）	鄭水池	
8	《誠一之道》	民國 100 年（辛卯）	王國柱	
9	《正法》	民國 107 年（戊戌）		
10	《正論》	民國 113 年（甲辰）	林義雄	著造中

說明：表格提供為「著造鸞書起始時間」，因鸞書從開始到結束可能需一至兩年，故與本書註腳、參考書目中標示的「成書時間」不同。並為配合農曆行事，提供歲次參考。
資料來源：不著撰人，〈鳳邑社誠心社明善堂沿革〉。吳振豐彙整製表。

92　高雄市政府編，《高雄市政府公報》，冬：8（2020），頁 1。

三、宣講活動

宣講是一種勸善演說的活動，早期為宣讀康熙《聖諭十六條》，規定地方官需於初一、十五向民眾進行宣講。臺灣宣講始於朱一貴事件之後，並無固定的場所，如寺廟、官衙、地方聚集場所皆有可能。日治時期善社活動，則是自主性社會教化組織，因識字者占少數，藉由宣講來勸化世人向善，或多夾雜政令宣導、社會議題，並以社會教化、救濟為主。[93] 受到善社影響，鸞堂多為地方仕紳或知識分子所組成，特有扶鸞儀式與帶點宗教色彩，輔以宣講與其結合，運用場所來行教化，以更貼近一般民眾。然而，善社與鸞堂宣講差異在於，善社是利用既成善書、經書進行，而鸞堂則是運用自身扶鸞所產生鸞文或鸞書作為案例，以宣揚鸞書內容與其儒教義理。

綜觀鳳山地區，最早成立善社有二：一為「高雄省心社」，大正年間成立，除宣講、祭孔外，更致力回饋社會，創立「婦女夜學會」於龍山寺東廊，以推動婦女教育普及；[94] 二是「鳳山宣講社」，士紳王兆麟於大正7年（1918）所創建，推舉顏橫擔任社長，社員按月繳會費以供宣講費及祭祀孔夫子、五文昌，剩餘用於推展地方慈善事業。[95]

高雄清代成立之鸞堂，皆先創立後才結合善社，雖兼行慈善救濟，但將宣講勸善作為對外主要活動。以鳳山宣講社為例，創社社長

---

93 李世偉，〈日治時期臺灣的宣講勸善〉，《臺北文獻》，（直字）119（1997），頁115-118。

94 〈鳳山街　省心社祭聖〉（1926年10月6日），《臺南新報》日刊，第6版；〈鳳山通信　婦女夜學會〉（1923年11月21日），《臺南新報》日刊，第5版。

95 〈鳳山通信　鳳山宣講社〉（1923年4月28日），《臺南新報》日刊，第5版。

顏櫨為鳳山街地方菁英，並根據王見川與張有志調查，同時活動於意誠堂同善社，致力於兩善社的宣講活動；當時的鳳山宣講社曾接受同善社社長陳中和金援。[96] 推測顏櫨與同為鸞堂信仰者的陳中和，有相關聯性。

筆者經田野調查與資料對照後發現，顏櫨應是大正 13 年（1924）鳳山宣講社解散後，[97] 加入鳳山靜心社舉善堂，並於昭和 8 年（1933）擔任第二任堂主。[98] 但由於目前文獻不足，無法確認靜心社舉善堂的宣講活動是否由顏櫨所引入，與受到日治時期善社影響。

然而，自靜心社舉善堂分出的誠心社明善堂，創堂之初即成立宣講社，並設置「宣講臺」，據恩師所云：

> 文學章句著一卷，山名秀氣立寶善，
> 誠心初設普化臺，明善社稷理哲宣，
> 宣講挽世歸禮尊，臺開改惡同善開。[99]

更有增派堂生擔任宣講生之職：

---

96 王見川，〈略論陳中和家族的信仰與勸善活動〉，收於王見川、李世偉，《臺灣的民間宗教與信仰》（臺北：博揚文化事業有限公司，2000），頁114；張有志，《日治時期高雄地區鸞堂之研究》，頁 74-136。

97 〈宣講社解散〉，《臺灣日日新報》夕刊（1924 年 7 月 11 日），第 4 版。

98 1927 年靜心社舉善堂成立，創堂名單未見顏櫨，1930 年《覺世金章》問世後才見其名並擔任堂主。

99 不著撰人，〈鳳邑誠心社明善堂民國 44 年 5 月 3 日手抄鸞文〉（1955，未出版）。

圖 3-15　赤山地方菁英致贈「代天宣化」牌匾
資料來源：吳振豐拍攝。

　　　　代天宣化達成明，天世人生挽慈困，
　　　　宣講聖諭普化迷，講生郭辜陳鄭丁。[100]

從鸞文藏頭得知誠心社明善堂宣講臺成立，「誠心」即為社號，目的是為挽世道，代天宣化；特此，命派郭、辜、陳、鄭、丁五位身為六部人員鸞生，兼任宣講生之職，以宣講聖諭方式，傳遞社稷里民向善，這也是誠心社明善堂宣講社創立由來。

　　宣講臺正式開設後，設置在赤山文衡殿大殿東廂，立孔夫子、文昌帝君、倉頡元君聖座供奉。而庄內沈義和王德中兩位時任政治菁英，還一同致贈「代天宣化」牌匾，作為落成紀念（圖3-15）。[101]由此上述五位宣講生固定於農曆初十、十一、十二、二十、二十一、二十二日，負責向庄內里民，以講解經文為主，當時參與者眾多，希

---

100 不著撰人，〈鳳邑誠心社明善堂民國44年3月15日手抄鸞文〉（1955，未出版）。

101 兩人也於1962年後，一同加入誠心社明善堂成為鸞生，並擔任重要幹部。

冀藉此宣講勸世舉動，招募里民加入鸞堂。[102] 至誠心社明善堂完成首科《正風》後，將宣講職責細膩化，設有代教生、研究生、講讀生等職，並以此本鸞書作為教材，望能宣講其中內容，好讓堂生和里民能理解鸞文之意。

爾後，再由誠心社明善堂堂主暨宣講主講生郭寶瓊發起，結合鳳山地區多處有意願之鸞堂，成立「鳳山宣講社聯誼會」，以各堂內派任宣講生為主，按期前往各地廟宇、鸞堂進行公開宣講活動，這也是戰後以來，鳳山最早的自主性區域宣講團體。確實這些地方文人，透過宣講方式，將鸞書、詩文或經典等文本，以口述講解傳遞給鸞生或一般民眾，達勸人向上之社會教化。

雖然宣講生一職並非歸屬六部之內，但其重要程度卻堪比六部鸞生，且同為神祇所旨派，對於鸞務是不可或缺重要角色，如誠心社明善堂對宣講生所訂定例律：

　　誠心社裡宣講生，講談因果句句名，社裡規斟同啟發，
　　製造慈航喚眾生，廣佈十方經文事，勿畏辛苦功必成。[103]

宣講生之職責為神祇意涵與神意傳播，鸞堂又以「代天宣化」作為主要宗旨，並為此制定嚴格例律。

早期誠心社明善堂宣講，對象從堂生到庄內里民皆有，採對外開放，文本從講解經文到鸞書，時間也依固定日期再到扶鸞前的常態性

---

102 不著撰人，〈鳳邑誠心社明善堂民國44年6月13日手抄鸞文〉（1955，未出版）。

103 不著撰人，〈鳳邑誠心社明善堂聖示堂規例律〉（立於誠心社明善堂內）。

圖 3-16　誠心社明善堂宣講生於扶鸞前進行宣講
資料來源：吳振豐拍攝。

質。當今宣講對象則以堂生為主，採半開放式，時間約落在扶鸞前半小時，採用文本除非恩師有特別指示，否則是以前期所扶鸞的鸞文為主，宣講地點於赤山文衡殿大殿西廂一樓處（圖 3-16）。細觀各鸞堂之宣講時間皆有差異，可分為扶鸞前、扶鸞後，亦有特別宣講擇日，依照堂內習慣為準，但多順勢運用扶鸞日當天進行，以將多餘時間移作經、樂練習之用。

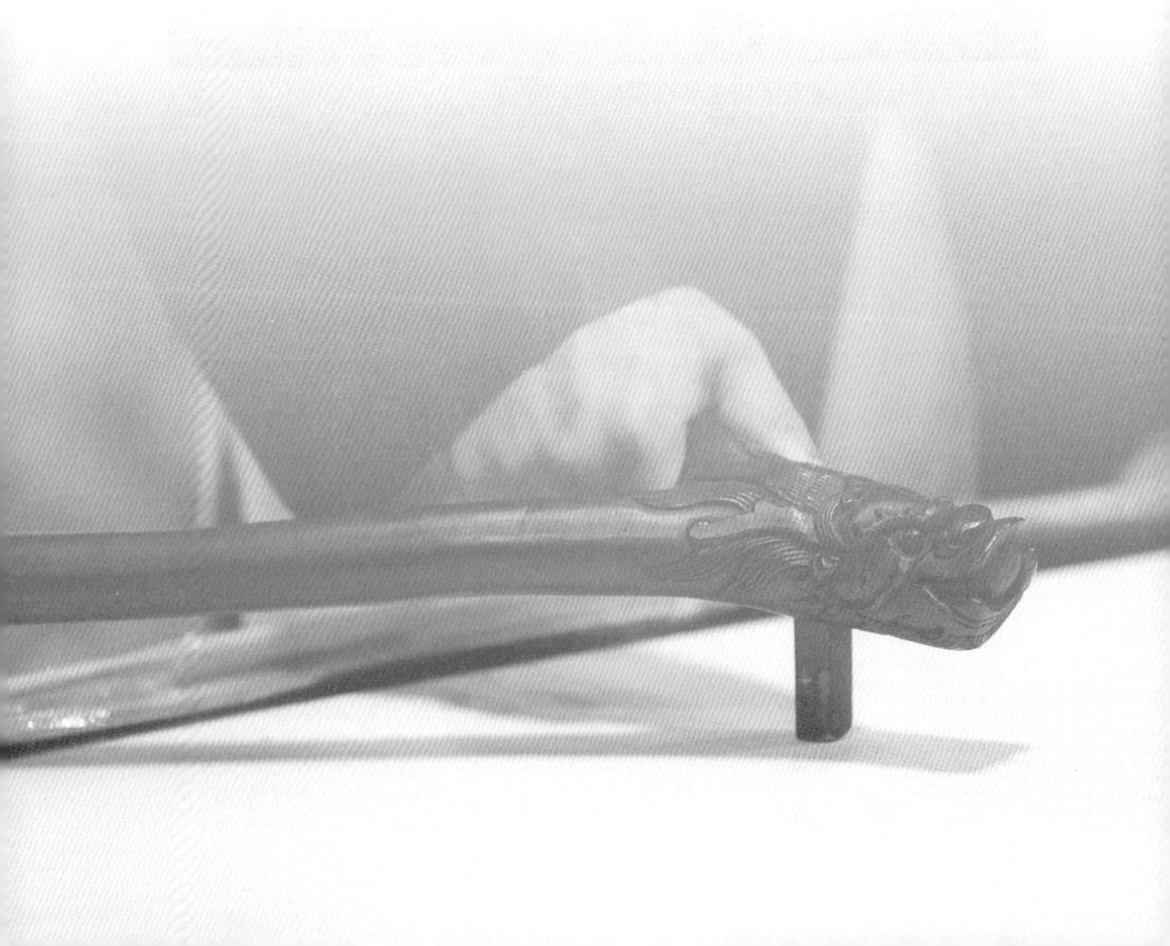

第四章　鸞堂、公廟與地方社會

　　早期鸞堂如欲跨入地方社會內設立與發展，勢必需得到聚落庄民、地方菁英參與和認同。誠心社明善堂戰後初期進入赤山庄內，能穩定持續發展至今，反映出鸞堂、公廟、地方社會三者緊密不可分的相關聯性。

　　本章將以誠心社明善堂為中心，從「信仰」、「儀式」兩大核心切入。先就鸞堂與公廟間論起，述明雙方有何連結；再者，以「人」為主軸，看鸞堂如何拓展至地方社會；最後討論當今鸞堂內既有各項運作，所面臨的棘手難題與挑戰，建議該如何因應與解決。

第一節　誠心社明善堂與地方公廟連結

　　鸞堂與地方公廟兩者皆帶有「信仰」和「儀式」基本構成。雖然鸞堂奉行「以神為師，扶鸞闡化」信仰宗旨，卻不能忽視其自身祭儀體系運作模式。誠心社明善堂在赤山文衡殿重建後，輾轉重回廟內於同場所共祀，有關兩者在「信仰」與「儀式」上產生何種連結？是值得說明介紹的。

一、堂廟祀神關聯

　　赤山文衡殿於民國 82 年（1993）重建完工後，誠心社明善堂轉往安置二樓西廂處，原先堂內扶鸞與宣講空間，則成廟內祭祀馬爺將軍與接待室，至此因雙方管理組織不同，場所上形成鸞堂與公廟共祀型態（圖 4-1、4-2）。

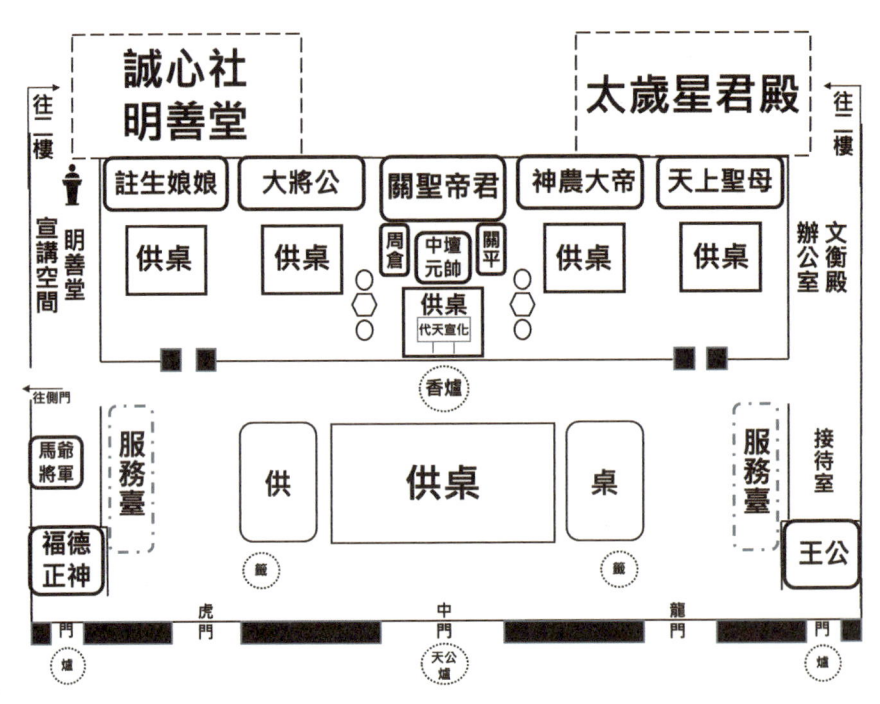

圖 4-1　赤山文衡殿祭祀空間示意圖
說明：「代天宣化」為誠心社明善堂農曆初一、十五至大殿扶鸞告示。
資料來源：吳振豐繪製。

圖 4-2　赤山文衡殿廟內空間
資料來源：吳振豐拍攝。

第四章　鸞堂、公廟與地方社會

圖 4-3　誠心社明善堂三恩主和孔夫子聖座

說明：左為三恩主聖座，右為孔夫子聖座。

資料來源：吳振豐拍攝。

至今誠心社明善堂堂內，仍保有創堂時的模式，尤其在祀神空間上，並非採用具象的神尊，而是僅供奉三恩主（關聖帝君、孚佑帝君、太白金星）與孔夫子（至聖先師、文昌帝君、倉頡元君）聖座祿位（圖 4-3），亦因此一般民眾無法輕易清楚明瞭堂內祀神，僅能得知此處為祭祀空間。那麼，誠心社明善堂內祭祀神祇究竟為何？

在鸞堂信仰中，堂生普遍認定所祭祀各神祇為「師」，自身是「學生」，故堂內神祇多被堂生尊稱「恩師」或「師尊」，意指雙方具有師生教授關係。鸞堂內祭祀神祇則可分為「恩主」和「恩師」兩大類。

首先，「恩主」為鸞堂內重要祀神代表，泛指一至多位救劫神祇尊稱。信仰體系中，恩主並非單一性，而是具有組合變化性。綜觀當今坊間鸞堂，對恩主崇祀組合不盡相同。誠心社明善堂自鳳邑靜心社舉善堂分衍而出，故沿襲其關聖帝君、孚佑帝君、太白金星三位恩主配置型態，這乃鳳山地區常見三恩主祭祀組合。

雖然鸞堂以恩主為重，視為信仰核心主軸，但對堂生而言，恩主與其之連結並不深厚，平常並不會輕易看到恩主們蒞臨降鸞，反而是鸞堂內部所奉祀「恩師」，最為頻繁降鸞與堂生淵源較深。

119

其次，所謂恩師，係指鸞堂內所祭祀之神祇，每間鸞堂內所奉派神祇皆不相同，並無共通性，從鸞堂所發行鸞書，則可略窺堂內所奉祀恩師之訊息。就誠心社明善堂首科《正風》中〈玉詔宣讀〉記載：

謹奉　旨奉命特派諸神任職

奉	旨本堂正主席	龍虎山慈濟真君	許
奉	旨本堂副主席	順天府成都大帝	革
奉	命本堂馳騁元帥	大社青雲宮神農大帝	郭
奉	命本堂副馳騁元帥	八隆宮池府千歲	池
奉	命本堂功過司	鳳邑城隍	蘇
奉	命本堂主筆司	五塊厝文衡聖帝	徐
奉	命本堂主壇司	赤山文衡殿文衡聖帝	張
奉	命本堂司禮神	大華村福德宮福德正神	楊[1]

在多數堂生認知下，正主席是鸞堂內祭祀主神且神格最高，而這些祀神是由玉帝或恩主所「旨派」，每位皆有其要職，以作為協助、分攤恩主們救劫、勸世之教化工作。

誠心社明善堂所祭祀恩師，可分為五種位階：最高層為正主席，統領鸞堂內部各奉命神祇，專職整體事務；第二層是副主席，協助正主席一切事務輔佐；第三層為正馳騁、副馳騁元帥，職責聘請三山五嶽、五湖四海各地聖、神、仙、佛蒞臨堂內揮筆降鸞；第四層則是三司，職責分別為功過司記錄堂生功過、主筆司主掌鸞盤運作順利進行

1　不著撰人，〈謹奉　旨奉命依命派正風一書神職〉，收於鳳邑誠心社明善堂，《正風》，頁 11-12。

及著書期間鸞書校正之事、主壇司主管扶鸞時內外壇界一切事宜；最後第五層為司禮神，負責來訪降鸞神祇接待與叮囑鸞生禮儀之職。由此可見，鸞堂內不同神祇各有不同職責且分工細膩（圖4-4、4-5）。

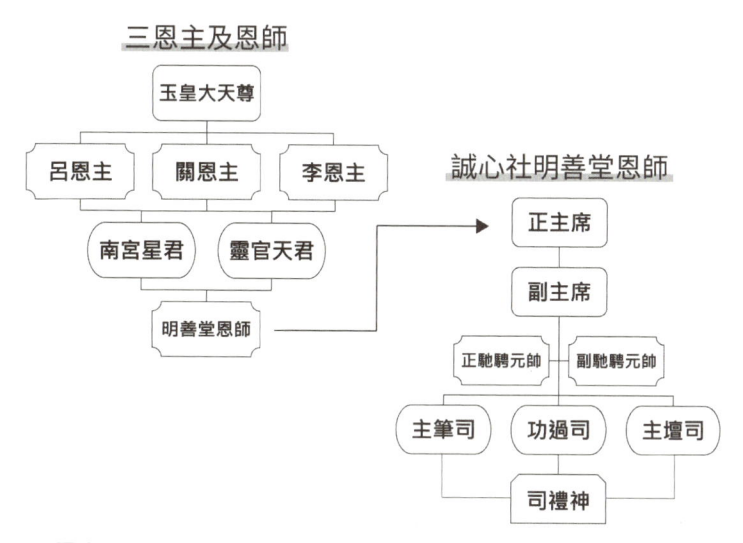

圖4-4　三恩主和恩師及誠心社明善堂恩師位階圖
資料來源：吳振豐繪製。

圖4-5　誠心社明善堂各恩師聖誕公告
資料來源：吳振豐拍攝。

然而，鸞堂旨派神祇為創堂即固定，不會任意有所改變，除非出現特殊情形。如誠心社明善堂於民國75年（1986）歷經赤山庄廟文衡殿重建，暫時遷移至頂頭角文農宮內扶鸞，這時堂內祀神就有所增設。據堂內正主席恩師所示：

> 奉南天文衡聖帝　旨派，命鳳邑文農宮神農大帝為鳳邑誠心社明善堂司禮神之職，命到之日與現任司禮神共掌司職此命。　旨准本九月二十三日午時鳳邑誠心社明善堂堂址遷往鳳邑文農宮。[2]

在確定暫時遷移至頂頭角文農宮後，南天關恩主隨即增派文農宮內主神神農大帝，以作為誠心社明善堂內的「司禮神」神職。如此有助於眾神祇來訪降鸞，能立即接待與通報。

細閱誠心社明善堂派職神祇中，除正、副主席之外，似乎多與地方聚落公廟主神有所連結，使鸞堂與地方公廟間隱含「共神」信仰關聯。首先，就地理位置來看，誠心社明善堂馳騁元帥位觀音里三奶壇；主筆司、功過司於大竹里五塊厝庄和鳳山街；副馳騁元帥、司禮神、主壇司皆在赤山里內鳥松腳庄、大埤庄和赤山庄。從清末行政劃分來看，觀音里、大竹里都緊鄰赤山里；五塊厝庄、鳳山街、鳥松腳庄、大埤庄全都位於赤山文衡殿所在地赤山庄內（圖4-6）。

其次，就歷史淵源，赤山庄庄內（頂頭角、下頭角）廟宇皆主祀神農大帝，同樣分靈自三奶壇庄的大社青雲宮；主筆司連結為祖堂

2　不著撰人，〈鳳邑誠心社明善堂民國76年9月15日手抄鸞文〉（1987，未出版）。

第四章　鸞堂、公廟與地方社會

圖 4-6　誠心社明善堂恩師所在分布圖

1. 大社青雲宮
2. 鳥松八隆宮
3. 鳳邑城隍廟
4. 高雄關帝廟
5. 赤山文衡殿
6. 大華福德宮

資料來源：標準地圖【OSM】，引自中央研究院人社中心 GIS 專題中心（2020）。[online] 臺灣百年歷史地圖（本圖層資料為開放街圖社群提供）。吳振豐標示。

（旗后開基明心社修善堂）最早曾借五塊厝文衡聖帝廟（今高雄關帝廟）設壇扶鸞；[3] 功過司則因民間信仰中，普遍認定城隍爺有審理、記錄功過之職，這亦是鳳山鸞堂信仰中，常見的共同神祇。

3　不著撰人，〈開基明心社修善堂沿革〉；轉引張有志，《日治時期高雄地區鸞堂之研究》，頁 30。

最後，以聚落間關聯來看，副馳騁元帥與司禮神所在庄頭，似乎也與赤山聚落連結極深。副馳騁元帥為鳥松八隆宮主神池府千歲，又被尊稱為「八庄王爺」，肇於清乾隆年間，田草埔、大腳腿、鳥松、夢裡、崎仔腳、山仔腳、牛稠埔、垺補等八個庄頭，早期因無建廟只能採輪流祭祀，直至民國47年（1958）八庄共同出資建廟；[4] 司禮神為大華村福德宮主神福德正神，原被奉祀於大埤庄一竹屋，大正14年（1915）經地方居民建「大埤福德祠」而遷祀，民國30年（1941）大埤被日本政府以蓄水工業為由強制徵收，被迫搬遷至山子腳。[5]

　　赤山文衡殿主神暨境主文衡聖帝旨派作為主壇司，則是因赤山文衡殿身為赤山庄廟，堂生多數為庄內居民，且誠心社明善堂又寄祀殿內。細看這幾處派職神祇所在庄頭皆與赤山庄有相關聯性：第一，大埤庄和鳥松庄，曾與赤山庄一同建立赤山文衡殿；第二，聚落都緊鄰赤山庄周圍；第三，清末這些庄頭皆劃歸赤山里所轄。

　　由此可見，鸞堂與聚落信仰有著緊密相關聯性，將地方公廟主神納入其信仰內，尤其赤山庄內境主赤山文衡殿主神，無非想嘗試與公廟產生連結，和庄民拉近距離讓其接受認可，進一步參與信仰體系。這層共神信仰下，誠心社明善堂勢必會與公廟衍伸「關聯性」、對堂生建構出「認同感」，庄民則會產生「共同性」，由祀神串起公廟與鸞堂，加速鸞堂在聚落中發展，進而深入影響地方社會（圖4-7）。

二、祭儀體系呈現

　　鸞堂各項祭儀進行，需經文頌唱與聖樂演奏齊同配合，乃堂務中

4　林美容，《高雄縣民間信仰》，頁217。

5　不著撰人，〈大華村福德宮福德正神沿革〉（立於福德宮左側）。

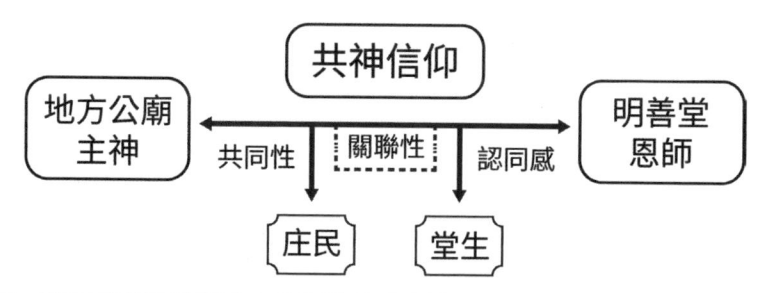

圖 4-7　誠心社明善堂與地方公廟連結示意圖
資料來源：吳振豐繪製。

重要具體現象與發展表徵，亦是鸞堂與地方公廟最顯著基本連結。赤山地區廟宇至今受到鸞堂經懺影響甚深，各項祭儀上，非尋求道士、法師執行，而是敦請誠心社明善堂堂生來協助，採用鸞堂科儀進行。有這樣處境，歸咎早期地方廟宇管理者、組織委員多為堂生所擔任，不僅是庄廟，甚至角頭廟宇都是相同情況。在這關聯下，往往公廟各項祭儀進行，勢必會由堂生來協助，當中又以赤山文衡殿和文農宮與誠心社明善堂關係最為緊密。

以赤山文衡殿為例，重建前未有管理組織，當時誠心社明善堂寄祀於內，各項祭聖事宜順理由堂生自主負責；重建後，赤山文衡殿成立管理委員會，雖然彼此管理組織不同，但廟內祭聖仍維持先前模式，由誠心社明善堂主導，並新增初一、十五消災科儀和七月普度。

這些祭儀執行，由堂生採「服務」協助性質，雙方無對價關係，廟方僅需統籌備妥供品和提供「場所」。簡單來說，由鸞堂出「人」擔任經懺誦唸與聖樂演奏搭配，廟方備妥各項供品等「物」，雙方採取「互助」方式，而這種模式亦延伸至赤山聚落各廟宇（圖4-8、4-9、4-10）。

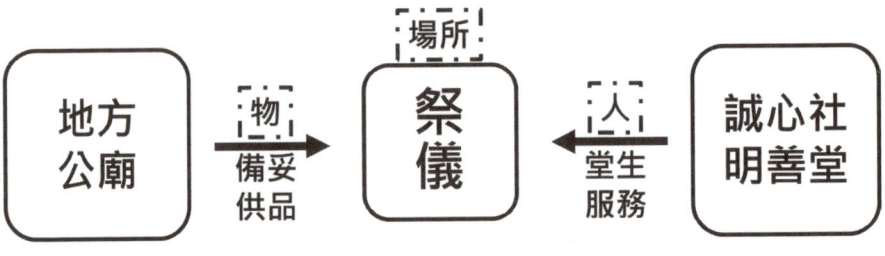

圖 4-8　誠心社明善堂與地方公廟祭儀交流示意圖
資料來源：吳振豐繪製。

圖 4-9　經生於赤山文衡殿祝壽註生娘娘聖誕
資料來源：吳振豐拍攝。

圖 4-10　經生於文農宮祝壽神農大帝聖誕
資料來源：吳振豐拍攝。

第四章　鸞堂、公廟與地方社會

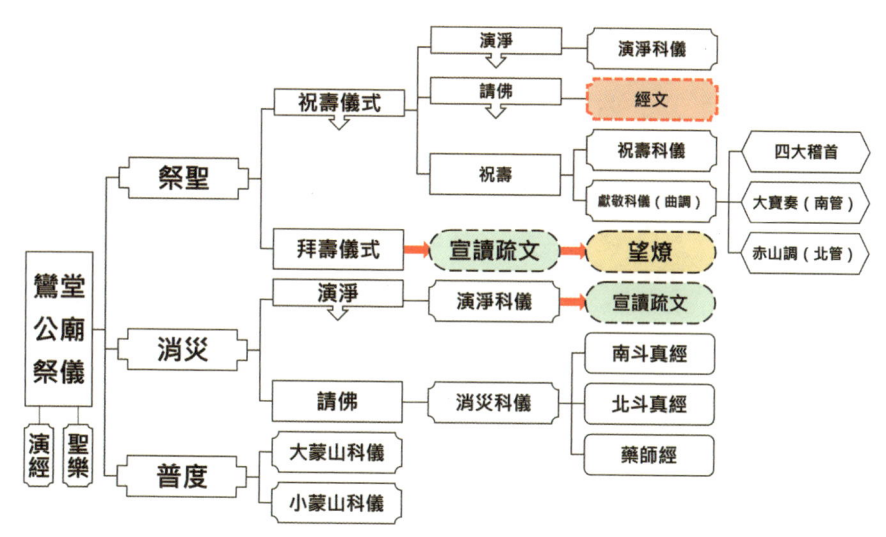

圖 4-11　誠心社明善堂與地方公廟祭儀示意圖
資料來源：吳振豐繪製。

　　誠心社明善堂的祭儀能分為祭聖、消災與普度三大類別，皆需演經和聖樂相互搭配，且過程繁瑣，有固定順序和過程（圖 4-11）。所謂「祭聖」為替神祇聖誕行祝壽祭儀用語，可分為祝壽和拜壽兩大儀式。首先在祝壽方面，祭儀開始前須誦唸《演淨科儀》，[6] 執行「演淨」，其目的為淨化整個壇界周圍。接續「請佛」，乃為聘請該日聖誕神祇蒞臨，對此唱誦經文選用會依該日聖誕神祇有所不同，像是呂恩主用《大洞真經》、三官大帝則是《三官真經》，若該神祇無經文，會從《三教妙法真經》擇用其自身寶誥。

---

[6]　「楊枝淨水遍灑三千，性空八德利人天，法界廣增延，滅罪消愆，火燄化紅蓮，南無清涼地菩薩摩訶薩⋯⋯」；不著撰人，《演淨科儀》（高雄：鳳邑誠心社明善堂，未出版）。

127

圖 4-12　堂生祝壽正主席聖誕
說明：（1）科儀於明善堂空間進行，（2）請佛時，經生誦《三教妙法真經》請神，（3）由經生宣讀文疏，（4、5）經生施行《獻敬科儀》時有樂生配合演奏聖樂，（6）灑淨後之《獻敬科儀》供品。
資料來源：吳振豐拍攝。

　　當經文誦唸結束，會銜接使用《祝壽科儀》和《獻敬科儀》來替神祇舉辦「祝壽」，進行當中都會有樂生演奏聖樂作為搭配。《獻敬科儀》是指藉由淨符水灑淨，將香、花、光（蠟燭）、飯、菓、金、銀、

圖 4-13　祝壽正主席聖誕之主祭與陪祭
說明：（左）露面者為主祭堂主，其左方為陪祭副堂主，（右）望燎時由主祭
　　　代表焚化文疏與敬獻金帛。
資料來源：吳振豐拍攝。

財等平凡供品賦予淨化與神聖性，再透過獻敬方式呈供給神祇。待祝壽各項科儀進行完畢，即進入拜壽儀式，由堂主擔任主祭，副堂主作為陪祭，率領眾人跪拜桌前宣讀文疏；最後「望燎」，將文疏與獻敬金帛於廟外獨立香爐焚化（圖 4-12、4-13）。

　　值得注意是，一年當中祭聖科儀甚多，在初九天公生、正月十三和六月二十四關恩主聖誕，以及五月十三關平太子飛昇日子時，赤山文衡殿執事們，會於大殿一同參與誠心社明善堂祭聖，這時堂主會邀請赤山文衡殿董事長作為陪祭，並開放民眾於大殿一齊團拜，其餘祭聖儀式流程皆無差異（圖 4-14）。

　　消災祭儀相對祭聖祭儀來得單純許多，其過程皆相同，僅程序上少了繁瑣「祝壽」、「拜壽」項目。這裡多是經文誦唸，主要有《南斗真經》、《北斗真經》、《藥師經》三種（圖 4-15），科儀中會加入「請佛」，依照當下誦唸經文，聘請仙佛會有所不同，像是《南斗真經》為掌延壽施福的南斗星君、《北斗真經》則是掌消災解厄北斗星君。

圖 4-14　六月二十四關恩主聖誕
說明：主祭堂主（著馬褂者）、陪祭赤山文衡殿副董事長，眾委員齊團拜。
資料來源：吳振豐拍攝。

圖 4-15　初一、十五《消災科儀》
說明：科儀中會由經生誦唸《藥師經》，值年爐主一同參拜。
資料來源：吳振豐拍攝。

　　科儀進行至一半，便穿插宣讀文疏動作，此舉是將民眾每年向廟方所點燈資料，透過文疏宣唸傳遞給神祇知悉，待儀式結束便將文疏焚化（圖 4-16）。以往廟方都未將這些點燈文疏灰特別處理，而是統一集中保管，適逢 2020 年誠心社明善堂完著第八科《正法》後，才由神祇指示一同隨行將其恭送出海。

圖 4-16　科儀本與文疏
說明：左圖為信徒點燈時所提供之文疏，右圖中央為科儀本。
資料來源：吳振豐拍攝。

　　普度是臺灣民間信仰中，重要的祭祀禮儀，漢人對鬼魅懷有崇高敬意與畏懼，深怕這些厲鬼，因無法安息而報復作祟。因此，統一透過祭祀，藉以討好、安撫鬼魅神靈，以求不會作亂，且會在祭儀中加以祭祀無主孤魂與身處地獄亡魂，是「敬天地，畏鬼神」最佳寫照。

　　一般來說，普度分為「公普」和「私普」，公普又可稱作「聯普」，祭典規模最大，會伴隨科儀進行，以聚落內寺廟作為中心，周圍民眾參與祭祀，具有公共意涵；私普則是民間所祭，以家戶、公司行號、機關為單位，規模較小且帶有私人性質。赤山地區廟宇深受鸞堂經懺影響，七月普度祭儀皆會聘請堂生來協助進行，而鸞堂在普度祭儀上，常見使用《蒙山科儀》（大蒙山）和《小蒙山科儀》（圖 4-17），那兩者差異為何？

　　首先，就空間和壇位擺放上，圖 4-18 清楚看出「大蒙山」、「小蒙山」差別。大蒙山因有設置主普壇、佛壇、蒙山臺、孤魂壇、三昧耶壇、榜壇六處壇位，故祭祀壇位數量也多，相對必要有一定場地空間；小蒙山僅有主普壇和孤魂壇兩處壇位。換句話說，規模上執行

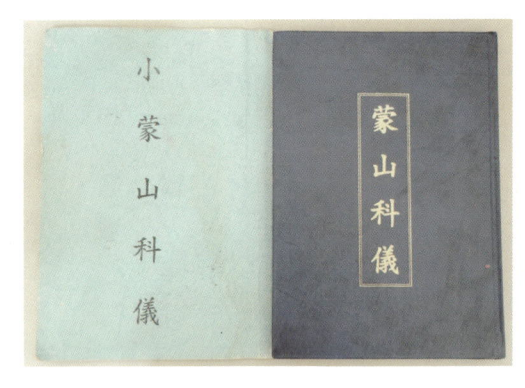

圖 4-17 科儀本《蒙山科儀》與《小蒙山科儀》
資料來源：吳振豐拍攝。

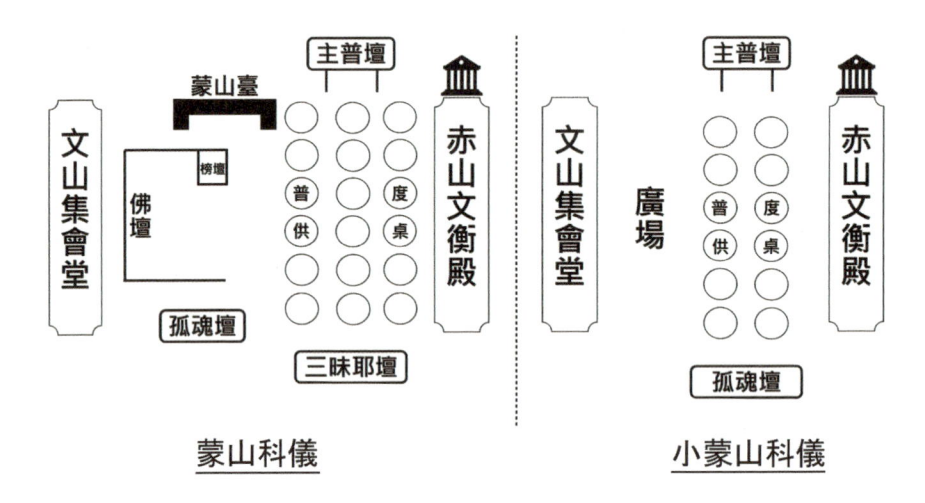

圖 4-18 赤山文衡殿《蒙山科儀》及《小蒙山科儀》配置示意圖
資料來源：吳振豐繪製。

《蒙山科儀》會比《小蒙山科儀》來得盛大，欲施食孤魂亦多，最簡單判定大、小蒙山方式，即是有無蒙山臺搭建。

其次，在程序和儀軌上，兩者僅有些微差異。因《蒙山科儀》有佛壇、榜壇，故流程上會有安榜、召孤、獻敬（午供）、除榜等項目，並會誦唸《十王懺》；儀軌流程部分，《小蒙山科儀》則是擇用《蒙

第四章 鸞堂、公廟與地方社會

山科儀》內重要儀軌與經文而成。[7]據筆者田野調查結果，當今《小蒙山科儀》有三種模式：第一，為誠心社明善堂前賢邱松正、柯進賢所編輯，這是堂內使用版本；第二，乃筆者嬸婆莫杏琴女士輯錄改良；第三，是鳳山街上貴春所編纂《蘭盆科儀》，儀軌添加些許佛教用語。不管哪種版本都差異甚小，主要《小蒙山科儀》出版，皆是從《蒙山科儀》中擷取重要儀軌而成，故會取決編纂者對科儀想法，進而適當選擇增減儀軌和經文內容。

赤山地方公廟在普度選擇上，也有所不同。赤山頂頭角文農宮、後庄仔玄天宮等廟宇，因屬小區域範圍普度，受到腹地空間場所限制，以及參與民眾多為周邊鄰居街坊，故會選擇傾向《小蒙山科儀》（圖4-19、4-20、4-21）。而地方庄廟赤山文衡殿，就往常紀錄來看，早期在誠心社明善堂協助下，執行普度都以《小蒙山科儀》為主，直至民國94年（2005）由前縣議員錢俊皞擔任董事長後，才陸續改為《蒙山科儀》。且赤山文衡殿前有廣場空地，能搭建蒙山臺並有額外空間可供民眾贊普，再加上身為庄廟緣故，民眾參與相對踴躍。

受到前幾年新冠疫情影響，赤山文衡殿普度已轉向施作《小蒙山科儀》，但民國112年（2023）疫情趨緩後，廟方有意再回歸選擇《蒙山科儀》，不料誠心社明善堂意願不高，雙方幾經周旋，最終以擲筊方式請示赤山文衡殿主神文衡聖帝，仍然維持《小蒙山科儀》（圖4-22）。

總而言之，可以看出赤山聚落地方公廟，在祭儀上受到鸞堂影響之深，尤其赤山文衡殿，需透過誠心社明善堂來協助一整年廟內祭

---

7 邱延洲，〈鳳山地區鸞堂繳書醮儀中的普度祭儀初探〉，《高雄文獻》，7（1）（2016），頁84-88。

133

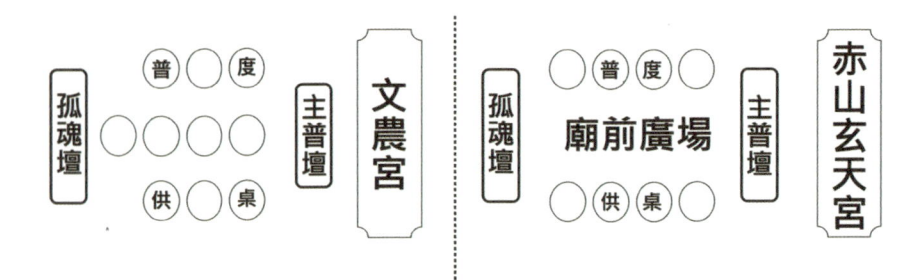

圖 4-19　文農宮及玄天宮《小蒙山科儀》配置示意圖
資料來源：吳振豐繪製。

圖 4-20　文農宮施作《小蒙山科儀》及壇位配置
資料來源：吳振豐拍攝。

圖 4-21　玄天宮施作《小蒙山科儀》及壇位配置
資料來源：吳振豐拍攝。

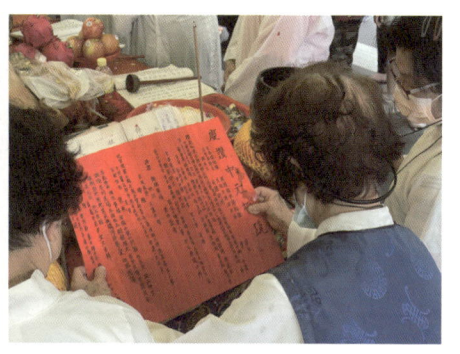

圖 4-22　赤山文衡殿施作《小蒙山科儀》
說明：2023 年由誠心社明善堂執行祭儀，副堂主宣讀文疏。
資料來源：吳振豐拍攝。

聖、消災、普度等各項祭儀執行，這間接顯示，誠心社明善堂與公廟有不可分割互動關係，更在地方社會裡擁有不可取代性。

第二節　誠心社明善堂與地方社會互動

鸞堂在地方社會裡，首重即是人與人間互動連結，誠心社明善堂戰後初期透過地方菁英協助，方能進入到聚落庄廟內寄祀，設立後在赤山聚落穩定發展至今。本節以「人」作為核心議題，探討擁有地方菁英身分的誠心社明善堂堂生，是透過何種方式串連鸞堂與公廟，以及誠心社明善堂又如何深入地方社會。

一、地方菁英推行

地方菁英，係藉由自身人脈、身分、家族，以及所參與宗教、政治、水利等組織性團體，抑或是具有權利之人，運用自身資源和人脈網絡支配既有社會資源，成為各項公共事務領導階層，在地方上具有一定影響力之角色。廣義來說，泛指士紳、地方人物、頭人、商人，

甚至政治人物皆能稱之，身分亦有重疊之處，不侷限是否擁有功名高低，是種名稱代表。

早期誠心社明善堂得以進入聚落發展，仰賴地方菁英推行助力，而堂生組成，多以赤山庄居民為主，職業範圍涵蓋各階層類型，大致能區分為公職、商人、政治人物、農民等，筆者將其劃分為公務型、政治型、管理型三種類型，以試論之。

（一）公務型地方菁英

民國 38 至 42 年間（1949-1953），因國共內戰失利，大量軍隊、眷屬、公務人員撤退來臺，當初觀念為就地進行安置，現有寺廟即成最佳住所地點。在此情況下，衍生許多社會問題，民怨此起彼落，迫使政府當局不得不正面處理。如臺南大天后宮，第二軍團石覺將軍就曾下達軍隊不得占住廟宇，[8]可是成效不彰。

雖然接收初期曾公布「保護寺僧財產」政令，機關部隊不得違法侵害寺廟權益。[9]甚至以〈至亥銑署民（二）字第五五四一二號〉，事由為「地方寺廟財產及僧眾自由應依法加以保護」，下達各地方政府。[10]卻還是阻止不了多數廟宇遭逢軍隊占駐，導致廟宇香火中斷、文物被破壞情況發生。

軍眷占領情形同樣在鳳山地區上演，且不限寺廟，就連鸞堂亦遭

---

8 張耘書，《臺南媽祖信仰研究》（臺南：臺南市政府文化局，2013），頁 32。
9 臺灣省行政長官公署秘書處編輯室，《臺灣省行政長官公署公報》，夏：46（1946），頁 741。
10 臺灣省行政長官公署秘書處編輯室，《臺灣省行政長官公署公報》，冬：65（1946），頁 1048。

第四章　鸞堂、公廟與地方社會

圖 4-23　陸軍第二軍團司令部佈告
資料來源：吳振豐拍攝。

逢此事。據鳳山街上修心社靈善堂，[11] 堂內「實貼」陸軍第二軍團司令部〈(43)輔確字第二一七七號〉佈告即能知悉（圖 4-23）：

> 一、據高雄縣政府民社字第 20310 號代電以轉，據鳳山鎮民陳文波等呈稱，本鎮凌霄寶殿等寺廟自軍眷義民進駐以後日趨荒蕪，且義民露宿亦而不忍，同時本省同胞大部信奉佛教，尊視廟宇對軍眷義民雜居寺廟極感不便，為顧全兩得計，發起就地籌募興建義宅，將現住軍眷義民移居義宅，惟恐日後再有軍眷義民進駐寺廟情事發生，懇請特加禁止，以維社會安寧，除電飭本縣警察局嚴令禁止，並商請鳳山憲兵

---

11 靈善堂民國 38 年（1949）玉旨賜名「修心社靈善堂」，由首任堂主曾木生夫人，捐堂地 170 坪以供建堂使用；不著撰人，〈鳳邑修心社靈善堂重建記〉（1983 年立於修心社靈善堂一樓）。

137

隊協助辦理外,關於軍眷方面應請鈞部出示禁止。

　　二、查陳文波等既已發起就地籌募興建義宅,使流離得所嗣後,各部隊軍眷不得再行占駐廟宇,除電復外,特此佈告,仰各懍遵![12]

張貼於修心社靈善堂內的佈告,明確指出軍眷占領事宜,但需釐清幾件事情。首先,所謂「實貼」指佈告貼上後,不得再有軍眷強行占據廟宇;其次,從第二點來看,軍方會同意乃徹查後,確認陳文波等人早有就地興建義宅並妥善安置軍眷舉動。換句話說,民國43年(1954)11月陸軍第二軍團下達此命令前,陳文波等人早已安置軍眷,佈告後此同宣告鳳山地區,不得再發生軍眷占領各寺廟情形。

值得討論是,細看佈告上述明鳳山靈霄寶殿(天公廟)等寺廟,遭逢軍眷義民占領,為顧全本省同胞信仰、不忍義民露宿和維持社會安寧之事,以興建義宅方式將軍眷移居。照理來說,發生軍眷占領此事,應是由時任靈霄寶殿管理人暨地方仕紳林朝木,向有關單位提出申請,但據實貼內容,卻是鳳山鎮民陳文波作為代表。

筆者就文獻對照,陳文波能代表鳳山地區仕紳向軍方提議,以興建義宅作為條件「交換」,最主要來自民國40年(1951)占居鳳山地區寺廟難民安置計畫,其本就身為發起人和參與者。

所謂寺廟難民安置計畫,指民國40年(1951)鳳山善士陳皆興、陳文波,以「人飢己飢、人溺己溺」精神,陳明時任高雄縣長洪榮華

---

12 不著撰人,〈陸軍第二軍團司令部佈告:(43)輔確字第二一七七號〉(1954年11月,實貼修心社靈善堂)。

出面募捐，配合省政府資金補助，再由開漳聖王廟管理人林朝木，提供日治時期新庄子段火葬場廢地，建造竹芭小屋瓦房三排數十間，給予占據寺廟軍眷及乞食義民居住；隔年卻遭遇貝絲颱風吹毀，進而「就地重建」三棟九十餘間義宅，以此陸續收容占駐各地寺廟軍眷，經縣府命名「忠義新村」。廟方則成立管理委員，並敦請陳皆興（省議會議員）任主委、郭登基（鳳山鎮鎮長）與陳文波（自衛總隊）任副主委專司協助。[13]

為何是民間士紳主動安置難民並不是由政府執行？推斷原因為當時財政困難，使政府無力處理，且最初觀念為就地安置，無長久定居計畫。民國 40 年（1951）元月高雄縣議會第一屆質詢，王連生、王進瑞以免流落街頭或影響治安為由，連署提案高縣府指定公有土地，興建收容所來安置義民。[14] 不料，縣府以曾向省政府請求撥款未獲回應，及自身財政困難無法重建理由給出回覆，[15] 顯然，建築收容所一

---

13 〈卸任總統後：函（六十七）（一）〉，《嚴家淦總統文物》，國史館藏，數位典藏號：006-010906-00001-045；〈請解決「忠義新村」與鳳山市「開漳聖王廟」土地紛爭案。〉《臺灣省高雄縣議會第 10 屆第 7 次大會及第 14.15 次臨時會》，地方議會議事錄，典藏序號：011c-10-07-050601-0206；〈為鳳山忠義新村房屋破損不堪影響觀瞻應請予拆除重建案。〉《臺灣省高雄縣議會第 8 屆第 4 次大會及第 6.7 次臨時會》，地方議會議事錄，典藏序號：011c-08-04-050603-0265；〈高雄縣鳳山市民張○○等陳情為請協助准予續住現居住忠義新村之房屋以免被地主開漳聖王廟拆除案。〉《臺灣省議會史料總庫・檔案》，典藏號：0031230075042；〈鳳山忠義新村又有新屋十間落成每間建築費六百餘元〉，《公論報》（1952 年 9 月 1 日），第 3 版。

14 〈請政府設置難民收容所安置來台難民案〉，《臺灣省高雄縣第 1 屆第 1 次大會議事錄》，地方議會議事錄，典藏序號：011c-01-01-050601-0089。

15 〈議員許王朱鶯質詢：婦女詢問、鳳山示範國校做為收容所、警民協會會費等問題〉，《臺灣省高雄縣第 1 屆第 2 次大會議事錄（第一次臨時會）》，

事並沒有獲得解決，進而衍生後續地方仕紳主動出面協助此事。

筆者認為，陳皆興夥同陳文波出面解決，主要原因有三：第一，陳文波曾向鳳山憲兵隊，請求改善義民佔據鎮內廟宇之事；[16]第二，二二八事件時陳文波就曾收容外省籍義民，並供給膳食；[17]第三，陳文波與王連生等人皆曾當過二二八事變綏靖人員。[18]這三種淵源關係下，兩人相互合作、協調安置占據寺廟軍眷。

另外，亦不能忽視林朝木在這計畫中協助動機。林氏會主動提供開漳聖王廟外周圍火葬場廢地，除身為管理人外，他同時也擔任鳳山凌霄寶殿和雙慈亭管理人，再加上這幾間廟宇都被軍眷占領，確實是有其立場與用意。爾後，身為管理委員會副主委的陳文波，轉至民防總隊（後改稱自衛總隊）服務，[19]同時亦在靜心社舉善堂參與學習鸞法，便與創堂生們商議將誠心社明善堂，設立於因軍眷撤離而騰出空間的赤山庄文衡殿內。

地方議會議事錄，典藏序號：011c-01-02-060800-0046。

16 〈義民住廟宇不得瀆神靈〉，《公論報》（1950年6月28日），第3版。

17 〈為呈高雄縣二二八事變中有功人員講令轉給〉，《高雄縣政府·二二八事變公務員懲獎》，國家發展委員會檔案管理局，檔號：A3765200000A/0036/035.1/01/04/017。

18 〈電送本縣綏靖工作報告乙份〉，《高雄縣政府·二二八事變綏靖工作報告》，國家發展委員會檔案管理局，檔號：A376520000A/0036/192.2/01/01/005；〈奉電設立本縣宣慰隊分赴各區鄉鎮宣傳綏靖要義希切實辦理〉，《高雄縣政府·二二八事變宣慰綏靖》，國家發展委員會檔案管理局，檔號：A376520000A/0036/192.1/01/02/004。

19 「據報改委陳文波、葉公亨充船舶聯隊組員及辦事員一案復希知照由」（1953年11月5日），〈縣市局民防委會人員任免〉，《臺灣省級機關》，國史館臺灣文獻館，典藏號：0040323120806009。

確實，對高雄縣政府而言，鳳山街士紳們願意主動協助收容軍眷，並借助陳文波在民防總隊單位影響力與副主委之身分，作為領銜代表出面，樂意不過。不難看出時任高雄縣長洪榮華和陳皆興同為「紅派」領導人網絡互動，此事不單只有地方仕紳出面，背後更涉及涵蓋黨、政、軍、地方首長與機關人士。最後，以安置鳳山各地軍眷條件，「換取」軍方下令義民不得再占據寺廟，禁止此事再次發生，這也是修心社靈善堂實貼公告的由來。

從結果來看，不管是陳文波自身意願，抑是代表領銜動機使然，可看出鳳山地區仕紳們和政府當局背後所形成無形網絡與協商互動過程。陳文波確實運用自身影響力與司職業務職掌關聯，藉由興建義宅方式，陸續安置占據鳳山各寺廟軍眷與義民，以換取撤離。這舉動使鳳山地區多數寺廟，回歸先前清靜安寧，赤山文衡殿也是，造就誠心社明善堂能回庄設立，讓鸞堂信仰傳入赤山庄內。

（二）政治型地方菁英

戰後國民政府接手管控臺灣，民國38年（1949）臺灣省政府主席兼臺灣省警備總司令陳誠頒布戒嚴令，實施長達三十八年戒嚴時期。[20] 雖然地方勢力發展由早期官派制度到推出選舉，從基層地方村里長到鄉鎮長再到議員全以投票進行，但這些藉由選舉制度生成地方政治人物，名副其實具有官方身分，雖然看似民主投票參與，實質上卻參雜許多限制，更有政黨背景混入其中。

---

20 〈公布全國戒嚴令及台灣省戒嚴令〉，《總統府‧戒嚴時期軍法機關自行審判及交法院審判案件劃分辦法》，國家發展委員會檔案管理局，檔號：A200000000A/0038/3120202/9/1/001。

先就戰後初期討論，當時因應〈寺廟登記規則〉第 3 條，寺廟進行登記需有寺廟管理人，其職主要負責廟內大小事情處理，甚至擴大到地方事務協助。赤山文衡殿歷代管理人，就筆者調查為許天賜、沈義、鄭真襲、鄭水池等人，其共同點皆曾任鳳山鎮（市）民代表，並同時擁有地方菁英和鸞生身分。畢竟，公廟本就是地方菁英主導地方事務舞臺，具有強力公共性更是議事場所，由政治菁英任庄廟此管理人角色，藉以佐理赤山文衡殿管理與發展。

　　誠心社明善堂歷代堂生中，具有領導力且積極參與地方事務，成為地方政治菁英參與者眾，有高雄縣議員、鳳山鎮代表主席、鳳山鎮代表、鳳山市民代表及里長等。[21] 這些擁有政治身分堂生，多是先成為鸞生，而後才參與政治。同時擁有政治和鸞生身分之人，像是素有高雄黑派軍師之稱的沈義，為戰後初期第一屆鳳山鎮民代表並蟬聯四屆，且榮任第四屆代表主席，後續更轉任第三屆高雄縣議員。

　　沈義何時成為堂生，目前沒有確切紀錄。筆者從歷屆鸞書推論，應是在民國 51 至 57 年間（1962-1968），未連任第四屆高雄縣議員後。因《衛道》書內紀錄，可見其與王德中、鄭真襲等鳳山鎮鎮民代表一同加入，並擔任堂務委員與外務總理，隨後受命成為第三任堂主，選上第八屆高雄縣議員。沈義在任期內曾連署議員，助鳥松八庄王爺廟取得高縣府讓售土地，[22] 八庄王爺乃誠心社明善堂所奉派恩師之一，當時沈義身為誠心社明善堂堂主，運用政治地位協助此事進

21　請參見本書附錄一「誠心社明善堂政治菁英一覽表」。

22　〈為鳥松鄉夢裡段二三二之一號地內八庄工爺廟使用面積即將來擴展用地請高雄縣政府准予一併撥租或撥售案〉，《臺灣省高雄縣議會第 7 屆第 5 次大會及第 8.9 次臨時會》，地方議會議事錄，典藏序號：011c-07-05-050601-0284。

行，不難看出動機，這確實造就鳥松八庄王爺廟（今鳥松八隆宮）發展盛況，成為地方信仰代表。

另一案例，則為第六任堂主鄭水池，早期先為鸞生，其後才參與政治。鄭堂主創堂隔年業已入誠心社明善堂，任進香生之職，民國64至86年間（1975-1997）陞任副堂主，這段時間同時任鳳山市民代表與高雄縣議員，至民國87年（1998）第十三屆議員卸任後，便受命成為第六任堂主。任職高雄縣議員期間，也擔任赤山文衡殿管理組織董事，曾多次協助地方與公廟事務，將原被高雄縣府徵收的赤山文衡殿廟產土地，轉化成為回饋地方的設施：像是提案縣政府撥款興建文山地區活動中心，[23] 以及將廟方前方空地，結合戲臺、圖書館、里民中心和公園，規劃成社區複合式空間。[24] 這些場所的建置，造就當今赤山地方社區、誠心社明善堂、赤山文衡殿廟方，在各大佳節能有場地進行祭祀和舉辦活動空間。

上述所討論兩位地方政治菁英，共同點都曾任高雄縣議員，且在任期內都榮任堂主一職，亦曾擔任過赤山文衡殿管理人。確實，政治菁英常藉由參與地方公共事務、廟宇管理，進入所謂聚落核心領域，尋求民眾認同，藉此掌握選票，以謀求政治之路穩定。不過，筆者細閱誠心社明善堂內，多數曾任政治菁英的鸞生，並不是一般常見擁有政治地位後，才積極介入地方信仰，而是早在此之前，就已成為鸞堂信仰者，再踴躍參與地方各項事務。

---

23 〈請縣政府撥款興建鳳山市文化社區內老人活動中心乙座以供休憩活動案。〉，《臺灣省高雄縣議會第11屆第4次大會及第7.8次臨時會》，地方議會議事錄，典藏序號：011c-11-04-050601-0304。

24 不著撰人，〈財團法人鳳山市文衡殿興建文山集會堂紀念誌〉（立於戲臺牆上）。

雖然，政治與社會上之地位高低，並不能代表和呈現鸞堂內職位，但不可否認是，鸞堂內擁有政治菁英型信仰者這點，對戰後鸞堂發展是有益無害，更可藉由其自身在地方領導與影響力，協助鸞堂、地方社會和公廟三方進行調和。

（三）管理型地方菁英

廟宇是見證地方聚落發展最好的參考指標。1980 年代臺灣經濟快速起飛，赤山聚落興起重建庄廟文衡殿想法，地方菁英亦透過擔任管理組織委員要職，來協助各項事務推動，而這些地方菁英，同時參與公廟事務與擁有堂生身分更為數不少，筆者將其定義為「管理型地方菁英」，以下就誠心社明善堂的邱松正、歐寶鳳二位堂生試論之。

邱松正為赤山頂頭角人，乃誠心社明善堂創堂堂生之一，創堂同年即主導成立演經團，造就當今誠心社明善堂深厚經懺科儀水準，促成鳳山地區各鸞堂間的聯繫與交流。最值得討論是，在赤山文衡殿欲重建時，曾協助誠心社明善堂爭取空間扶鸞闡化，不致鸞務中斷。

民國 75 年（1986）4 月，赤山文衡殿欲向高雄縣政府，依法討回日治末期被徵收廟產，當時由邱松正擔任首位財團法人董事長，隨後更身兼重建委員，著手進行重建事宜。當時誠心社明善堂寄祀廟內，動工拆除前面臨無扶鸞場所難題，所幸，在其奔走下，順利至赤山角頭廟文農宮，借祀空間繼續扶鸞闡化。然而，赤山文衡殿重建完工欲回廟內安座時，卻遭少數信徒以鸞堂會占用地方公廟資源理由等理由，反對誠心社明善堂遷回。

對此，邱松正和多數身兼赤山文衡殿委員堂生們，以戰後誠心社明善堂寄祀殿內，平常各項祭祀花費和管理，全仰仗堂生及所繳交堂

第四章 鸞堂、公廟與地方社會

費支付之事實，擺平少數反對意見。[25] 綜上所述，誠心社明善堂不管是因文衡殿重建關係，暫時遷移借祀文農宮，抑或是能再次重回赤山文衡殿，造就今日盛況，邱松正的功勞甚大，成功以其身分角色，協調地方公廟與鸞堂兩者間互動。

另一則為歐寶鳳，她同樣出身赤山頂頭角，在民國 57 年（1968）前業已成為堂生，並派任成為誠心社明善堂第一屆女執事，[26] 協助堂務運作推行。在地方上的參與，歐寶鳳曾在戰後義務管理赤山福德祠長達三十多年，以使香火免於中斷，自身家族人員更主動出面，捐獻大筆金額讓赤山福德祠購買周圍土地，取得所有權順利申請補辦寺廟登記，成為合法宗教組織。

此外，歐寶鳳也在頂頭角文農宮和庄廟赤山文衡殿欲重建時擔任籌建委員。亦因其擁有堂生與赤山福德祠管理者之雙重身分，故至今誠心社明善堂也會主動協助福德祠的各項祭儀進行，是堂內活躍參與地方事務的女堂生代表。

臺灣各地聚落常見不同管理類型的地方菁英，對赤山庄來說，同時擁有堂生與公廟管理者雙重身分為數不少。但從上述案例可知，本就身為鸞堂信仰者的地方公廟管理型菁英，透過自己背景，協助地方公廟事務推動，突顯鸞堂信仰在地方上的定位與價值，達成鸞堂、公廟在地方社會裡三者完美平衡。

---

25 邱延洲，〈鳳山地區鸞堂信仰及其社會網絡之研究——以鳳邑十一鸞堂為中心〉（高雄：國立高雄師範大學臺灣歷史文化及語言研究所碩士論文，2014），頁 159。

26 不著撰人，〈鳳邑誠心社明善堂民國 72 年 6 月 1 日手抄鸞文〉（1983，未出版）。

二、非鸞堂信仰者接觸

鸞堂本身帶有神秘性與封閉性,非擁有鸞生資格者難以親近與瞭解,而地方公廟則為聚落內庄民主要祭祀場所。當今誠心社明善堂共祀赤山文衡殿內,雙方有著場所上基礎交集,無形之中促使非鸞堂信仰者與鸞堂產生接觸,這層關係中最容易有所關聯,莫過於「信仰」與「儀式」兩大項目。對此,筆者將非鸞堂信仰者再細分為二類:一為潛在鸞堂信仰者,即受家人、同儕、同事等周遭具有堂生身分影響,從未宣誓但對鸞堂信仰並不排斥者;二是一般民眾,地方社會中常見民間信仰者。

信仰乃一般普羅大眾生活不可或缺一部分,自古以來,考試制度作為選拔人才重要機制,從升學管道到求職錄取,皆脫離不了關聯,更在漢人傳統社會中,成評斷依據代表。因此,欲求學業、仕途順遂,儒、釋、道等信仰中執掌功名利祿的文昌帝君,甚至倉頡、魁星、孔子等攸關學業運、事業運神祇,即成民眾祭祀之最佳選擇。

綜觀鸞堂在地方社會裡,具有深厚儒家宗教色彩。像是誠心社明善堂所奉祀關聖帝君、孚佑帝君、太白金星三位恩主,以及至聖先師(孔夫子)、文昌帝君和倉頡元君等神祇,皆與文昌信仰有著相關聯性。這是非鸞堂信仰者會主動前往祭拜動機,以求取功名利祿,加深鸞堂在地方社會裡信仰地位和代表。

甚至,非鸞堂信仰者亦會因這層信仰關聯,逐漸與鸞堂搭起橋樑,將此種無形感受認知,轉化成有形具體行動價值,進而衍伸出對鸞堂各種捐贈行為:如捐款、捐香、捐花、捐贈物品、廟體修繕等,這些筆者皆統稱為「寄附」(kià-hù)行為。

在民間宗教影響與建構下，漢人有「積善之家，必有餘慶；積不善之家，必有餘殃」觀念，這證實民眾具有行善想法和意識，普遍認為透過「善行」舉動就能積陰騭與積累福報。王志宇曾述明鸞堂將儒、釋、道宗教義理，經由鸞書包裝傳布，建構所謂功果觀，透過捐贈寺廟、助印鸞書等，形成一般大眾能達成的道德實踐。[27] 這種思維深植地方社會中，連陳中和家族都深受此渲染，十分熱衷。[28]

這些行為不僅是堂生權利，一般民眾亦能透過助印鸞書方式，來達成「善行」而累積功德果報。誠如誠心社明善堂第八科《正法》臨近發行前，經由堂生自主性發起，向周遭親友、同儕、同事、朋友，以助印鸞書名目號召「募款」，這時並不侷限堂生，也擴及至非鸞堂信仰者，甚至能從名單中看到赤山地方公廟紛紛響應，這代表鸞堂逐漸與非鸞堂信仰者、公廟產生接觸並串起連結，深入地方社會裡。

此外，不可忽視鸞堂在地方社會中，帶有「濟世」宗旨。「濟世」涵意甚廣，從字面上來看，乃指救濟世人，能解決民眾任何疑難雜症都可廣泛稱之，是鸞堂除「飛鸞勸化」外，最重要核心工作和社會服務，亦是信仰層面上延伸，貼近民眾日常生活與需求。鸞堂這種「濟世」服務項目，從早期因應戒煙施方開藥，到當代回應民眾各種多元化需求，舉凡問事、敕身、收驚、求取平安符、詢問良辰吉時、求籤等都能包括。對此，筆者將誠心社明善堂當代鸞堂濟世服務，分為「指示」和「請示」，再依對象細分為「個人」和「團體」（圖4-24）。

所謂「指示」，屬鸞堂主動性的「告知」，多數帶有趨吉避凶之用

---

[27] 王志宇，《寺廟與村落——臺灣漢人社會的歷史文化觀察》（臺北：文津出版社有限公司，2008），頁215-219。

[28] 王見川，〈略論陳中和家族的信仰與勸善活動〉，頁128-131。

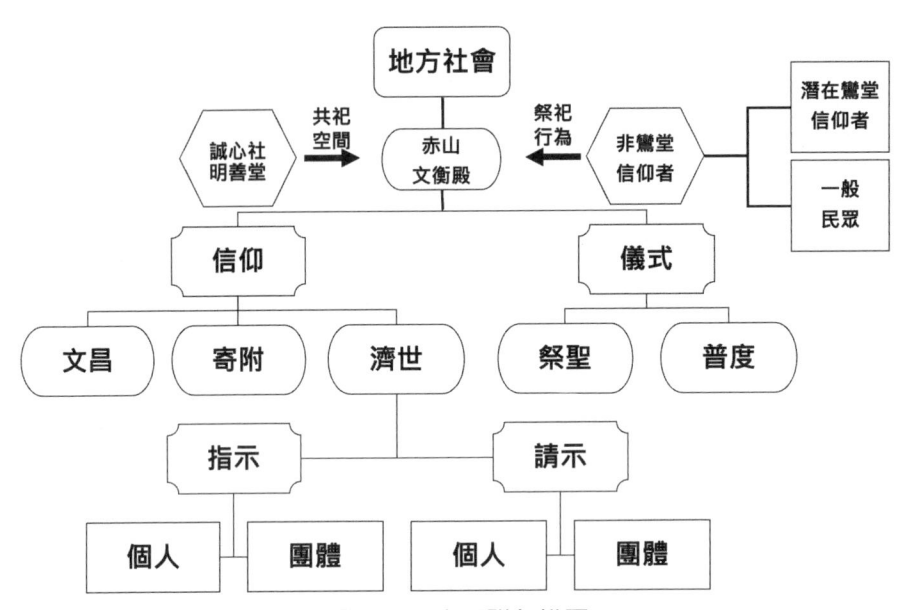

圖 4-24　誠心社明善堂與非鸞堂信仰者關聯架構圖
資料來源：吳振豐繪製。

意。在個人方面，囑咐注意身體狀況案例為多，這乃基於叮嚀層面；涉及團體部分，此種通常與民眾日常生活有關。如歲末誠心社明善堂恩師們，會特別指示新春出行吉時和方位：「舊寅相送亥時宜，金兔來迎晨卯機，賀正出戶南弗往，遠近踏青師不離。」[29] 若庄內面臨重大風水問題，影響到赤山地方，亦會透過誠心社明善堂降筆扶鸞方式，用以警示庄民儘速解決。

其次為「請示」，對鸞堂立場而言，採被動性的「回應」需求。當中又以個人請示最為常見，有因動工、謝土、淨車等事，向堂內恩師詢問時辰或求取符令，以供化淨周圍避邪。在團體部分，則是每到

29　不著撰人，〈鳳邑誠心社明善堂民國 111 年 12 月 24 日手抄鸞文〉（2022，未出版）。

年底十二月二十四封筆之日，非鸞堂信仰者會藉由堂生，統一向鸞堂恩師們求取保身和保車平安符，以供來年出入平安。

不管「指示」或「請示」，針對「個人」或「團體」，都是當代鸞堂對應堂生或非鸞堂信仰者各種社會需求而生，就另一層面來看，這是由信仰層面影響到實際舉動，觸及至心理層面上的安慰。實際上，鸞堂跟非鸞堂信仰者最容易有所接觸，莫過於所參與的各項「儀式」，畢竟儀式看得到，能親自參與其中。誠心社明善堂整年祭儀中，又以天公生、關恩主聖誕祝壽、中元普度這幾項民眾參與度最高。

天公為民間信仰習俗中，統御眾神之神祇，地位崇高，自古以來僅有天子能祭祀，在儀式上特別嚴謹；關恩主則是鸞堂所奉祀重要神祇，且赤山文衡殿主神同為文衡聖帝，故每年正月初九日、正月十三日、五月十三日、六月二十四日子時，誠心社明善堂會於赤山文衡殿大殿內舉行祝壽科儀，由堂主擔任主祭、邀請赤山文衡殿董事長作為陪祭一同祭祀。不過，早期祭典只對內，僅有堂生、廟方執事會齊聚團拜，但這幾年因應祭祀型態改變與需求，轉而開放給里民、廟方信眾一同參與團拜，無形之中使非鸞堂信仰者在祭儀上與誠心社明善堂有所接觸（圖 4-25、4-26）。

圖 4-25　非鸞堂信仰者一同參與拜天公
資料來源：吳振豐拍攝。

圖 4-26　2023 年關恩主聖誕祭儀

說明：說明：由誠心社明善堂執行科儀，堂主擔任主祭並代表宣讀文疏（小圖2）；時任董事長擔任陪祭並與主祭一同祭拜、獻敬（小圖3、4），信徒與里民皆可參與團拜，科儀最後由主祭負責望燎與焚化文疏（小圖6）。
資料來源：吳振豐拍攝。

　　另外，每年七月普度祭儀也是一年當中極為重要的祭祀活動。因漢人傳統觀念，對無形鬼魅抱持崇高敬意，是臺灣民俗信仰中民眾較不易排斥的儀式。就筆者觀察，每年誠心社明善堂會與庄廟赤山文衡

第四章　鸞堂、公廟與地方社會

圖 4-27　信眾捐款贊普供品
資料來源：吳振豐拍攝。

殿合併舉辦，由廟方作為主普，民眾參與贊普，誠心社明善堂則負責祭儀統籌。這幾年因應社會救濟服務，會讓民眾捐款認購，再由廟方統一購買供品，並於普度結束後發送給庄內弱勢族群，以盡社會責任（圖 4-27）。

不管是信仰或祭儀，都是誠心社明善堂與赤山文衡殿在共祀場所下，進而延伸與地方社會的非鸞堂信仰者產生接觸，種種關係層加上，造就鸞堂在地方社會裡擁有不可取代定位，建構出誠心社明善堂和非鸞堂信仰者之間的互動關係。

三、各堂相互支援

鸞堂本身獨立性高，無論鸞務或堂務，各堂皆自有一套運作模式，就算是母子關係鸞堂，也不會任意插手干涉。再加上整年許多祭聖科儀，時間多有強碰，即使所需演經和聖樂人員甚多，組成還是以本堂堂生為主，故不會發生他堂來協助支援情況。然而，鸞堂間發生鸞務和堂務上交流的情形，多以面臨「著造鸞書」祭儀之事，這種互動模式，從一開始建立在「人」與「人」上，延伸為「堂」與「堂」間。

「著造鸞書」指鸞堂於某段時間內，將聖、神、仙、佛所降鸞之鸞

文收錄集結成冊，經「請旨開著」、「恭接玉詔」、「完竣繳書」和「恭送書灰」四大儀式後的總稱。對此，筆者將整個儀式細分為兩類：第一是集錄金篇，透過扶鸞方式收集鸞文成冊，這屬鸞務負責範圍；第二為醮典祭儀，包含這段時間內儀式所需演經和聖樂，歸類堂務部分。

隨鸞堂自身條件，對著造鸞書這要事亦有不同選擇型態。據邱延洲觀察，鳳山地區鸞堂著書有獨著、參著與聯著三種型態，[30] 筆者再將其延伸，就誠心社明善堂歷屆著造鸞書型態，以「上疏請旨」鸞堂作為評斷標準，區分為三：一為「單獨完成」，鸞堂常見著書模式，該堂焚疏請旨，自身獨立完成；二是「聯合完成」，由某堂發起，結合多間鸞堂一同上疏請旨，為地區性、相關聯性鸞堂常見著書模式；最後是「協同完成」，因某種事由無法成行或完成，以致求援他堂或他堂尋求幫助，在恩師允諾後隨即進行，上疏請旨還是以該堂為主，協助鸞堂並未掛名，頂多支援六部人員列入書冊內（圖4-28）。

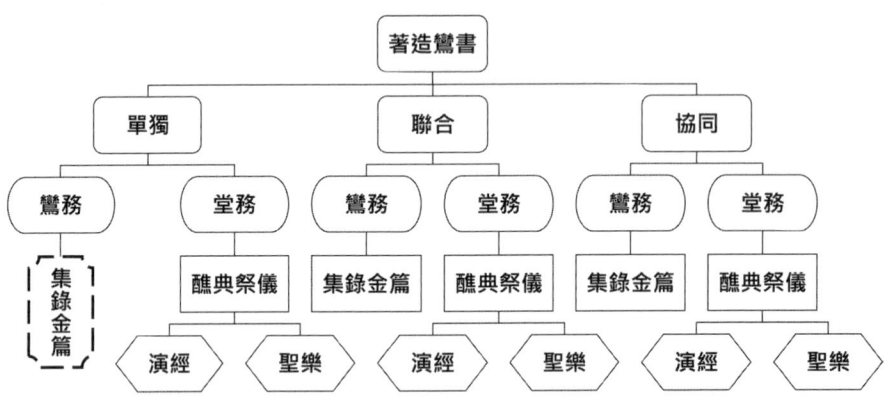

圖4-28　著造鸞書型態架構圖
說明：虛線部分僅由請旨鸞堂單獨完成。
資料來源：吳振豐繪製。

30　邱延洲，《臺灣鳳邑儒教聯堂的飛鸞勸化與其社會網絡》，頁140。

第四章　鸞堂、公廟與地方社會

　　鸞堂在確定請旨開著後,接續會面臨數次醮典祭儀,不管是哪種著書型態,演經、聖樂部分全需仰賴他堂協助參與方能完成,請旨鸞堂無法單獨應付這龐大人力需求,但鸞務上集錄金篇,卻僅有聯合和協同二種型態,才會開啟彼此互動交流模式。

　　所謂「聯合」著書型態,意指多間鸞堂聯合一同上疏,著書集篇過程中,會採用輪流方式,各堂各自安排時間;醮典科儀方面,由參與鸞堂負責分攤。此種多為地方區域性,有地緣關係鸞堂聯合一同。像是誠心社明善堂就曾於民國50年(1961)參與《明道》一書,此為鳳山地區11座鸞堂聯合完成,陣容橫跨各鸞堂幹部,組成背後有著地緣關係、鸞堂分衍淵源和人際互動,藉由著造鸞書此舉,達成鸞務與堂務上相互交流,更形成地方區域內強大無形網絡組織。

　　「協同」著書型態較為特別,並不常見,主要乃受某種突發原因而無法完成,以致尋求他堂協助或支援他堂。而誠心社明善堂這兩種情況皆曾經歷,從次科《衛道》中〈南天文聖帝關降　諭〉可略知:

> ……茲爾鳳邑誠心社明善堂,甲午之春由十三子開堂,堂生雖少盛情不亞,是以丁酉開著《正風》,戊戌告竣,其頒世也。斯界齊譽,奈知之而學之者寥寥無幾,此雖世之弊習,然可嘆之也。自此由盛而衰,至王、鄭、沈等率諸新生之入為機,中興之象顯,此功可謂徹修等恆誠不怠之所來者乎!邇來頻接請旨金篇之報,唯顧及諸生現況左右為難,幸知靈、樂兩善堂師生之善意,如許主席之請,不浸東道之限,欽准智、慧兩卿等之贊助協著《正風》之續,以衛斯道,

而挽世風……[31]

戊戌年（1958）誠心社明善堂《正風》告竣，來堂人數寥寥無幾，堂運因此由興轉衰。引文中得知，後續雖有王德中、鄭真襲、沈義三位地方政治菁英，率人加入使堂出現生機，但對誠心社明善堂欲著書一事，關恩主顧忌諸生現況還是為難，以致無法答應開著。所幸，得修心社靈善堂和啟明社樂善堂兩堂師生善意，願意傾囊相助，尤其在修心社靈善堂正鸞生李慧卿（李皆得）、啟明社樂善堂正鸞生吳智卿（吳天杞）及其他六部諸生襄助下，誠心社明善堂終得以開著《明道》。

隨當時參與堂生逝世後，誠心社明善堂與修心社靈善堂、啟明社樂善堂互動關係亦逐漸淡化消逝。不過，這幾年誠心社明善堂與啟明社樂善堂又重啟互動，從啟明社樂善堂《醒世金篇》中〈南天文衡聖帝　諭曰〉可明：

> ……嗟嘆！美景弗能常持，邇來余屢獲諸天君迭報，<u>樂堂</u>恐有枝節。此般之況，當礙醒書之成，若不能以周，爾等師生難逃天曹之懲，幸得<u>謝</u>、<u>張</u>兩生有察，預稟<u>張</u>真君，而邀<u>許</u>真君之援，不致誤事。
>
> 于今宵特以命派，　　奉旨著造《醒世迷津》增列諸生：
> 正鸞生：邱生英修
> 助理正鸞生：莊生○○
> 唱鸞生：黃生弼修

---

31 不著撰人，〈南天文衡聖帝關諭示〉，收於鳳邑誠心社明善堂，《衛道》，頁18-19。

副鸞生：鄭生信修

錄鸞生：吳生虔修

以上五生必增於派職之冊。因有明堂之助，稍解余心之憂……此諭　勿忽。[32]

　　啟明社樂善堂在面臨各種著書難題下，選擇求援誠心社明善堂。在雙方正主席恩師和南天關恩主同意下，由恩主親自命派誠心社明善堂正、副、唱、錄鸞等五生，協助啟明社樂善堂鸞務上集錄金篇之事。對此，誠心社明善堂則轉換為協同他堂完成著書型態。特別注意，不管是聯合或協同參與他堂集錄金篇，都會在確定收錄完竣後便立即停止，剩餘上疏南天和完著繳詔儀式，會由原先請旨鸞堂自行運作，協同鸞堂會避免介入，僅在鸞文校正、書冊編輯、醮典進行等提供建議交流而已。

　　在後續繳書醮典祭儀部分，誠心社明善堂則轉往支援啟明社樂善堂，由堂生組成演經團和聖樂團，負責兩日佛壇三卷《金剛寶懺》和十卷《梁皇寶懺》經懺誥誦，[33] 以及協助最終恭送書灰儀式之所需人力和聖樂演奏人員（圖 4-29、表 4-1）。從另一層面來看，誠心社明善堂算是回報六十年前，次科《衛道》著書時啟明社樂善堂襄助之事，更透過這次協同著書機緣，再次開啟兩堂互動。

32　不著撰人，《醒世迷津》（高雄：鳳邑啟明社樂善堂，2023），頁 249-251。

33　不著撰人，〈癸卯年花月鳳邑啟明社樂善堂奉旨著造金箴「醒世迷津」建繳書醮典次序表〉（高雄：鳳邑啟明社樂善堂，未出版）。

圖 4-29　堂生支援樂善堂繳書醮典
資料來源：吳振豐拍攝。

表 4-1　2023 年《醒世迷津》五朝繳書醮典表

壇界	日期				
	花月初十	花月初十一	花月初十二	花月初十三	花月初十四
天壇	沐暉堂	樂善堂一組	喜善堂	明善堂	樂善堂一組
佛壇	明善堂	樂善堂二組	沐暉堂	喜善堂	明善堂
諸真壇	喜善堂	明善堂	樂善堂一組	樂善堂二組	喜善堂
燈篙壇／榜壇	樂善堂三組	沐暉堂	樂善堂三組	樂善堂一組	樂善堂三組
先靈壇	樂善堂二組	喜善堂	明善堂	沐暉堂	樂善堂二組
孤魂壇	樂善堂一組	樂善堂三組	樂善堂二組	樂善堂三組	沐暉堂

資料來源：不著撰人，〈癸卯年花月鳳邑啟明社樂善堂奉旨著造金箴「醒世迷津」啟建繳書醮典次序表〉（高雄：鳳邑啟明社樂善堂，未出版），吳振豐彙整製表。

此外，著造鸞書各項醮典祭儀中，鸞堂間以「恭接玉詔」和「完竣繳書」互動最頻繁，因這時所需演經、聖樂人員甚多，著書該堂無法負荷龐大人力需求，須聘請友堂協助參與。就如恭接玉詔醮典，通常請旨該堂會邀請母堂或子堂，擔任陪祭於拜詔大典一齊參拜玉詔；平時有來往友堂則聘之協助聖樂演奏，一同見證參與（圖 4-30）。

需注意是，繳書醮典不同於恭接玉詔。主要鸞堂繳書乃常見五朝，且會設置五壇，同時早、午、晚供固定時間詁誦經文，這情況

第四章　鸞堂、公廟與地方社會

圖 4-30　接詔大典各友堂參與
資料來源：吳振豐拍攝。

下，不管是哪種著書型態，鸞堂都無法負荷龐大人力需求，勢必須尋求他堂協助。這時會由請旨著書鸞堂堂主與司經部長負責規劃與會鸞堂，平常互動頻繁，有相互「盤撋」（puânn-nuá）之友堂，便成為頭號邀請對象。

民國 108 年（2019）適逢誠心社明善堂《正法》五天繳書醮典，演經部分除母堂靜心社舉善堂支援外，更透過副堂主暨司經部長吳翠玉關聯，敦請鳥松明德社喜善堂協助，支援每日兩座壇位經懺誦唸，以使祭儀能順利圓滿（表 4-2）。[34] 簡言之，當著書期間，各項醮典祭儀所參與鸞堂，便是有深厚交情之友堂。而在這層關係背後，盡是人與人間相互交流。

不過，鸞堂間相互支援模式並非絕對，受限鸞堂信仰者人數不若以往，多數鸞堂面臨堂生人數驟降，進而影響演經與聖樂編制人員，故當今鸞堂彼此間交流逐漸減少。筆者透過長期觀察，此種模式已慢慢轉往以「個人」名義參與，對此可稱為「奧援」（oo-ián），意謂相互幫忙，不收取任何金錢作回報，純粹人際網絡互動，這成為當今鳳山地區鸞堂間最常見互動支援模式。

34　不著撰人，〈正法繳書課程表〉（高雄：鳳邑誠心社明善堂，未出版）。

表 4-2　2019 年誠心社明善堂《正法》五朝醮典

位置	12/5	12/6	12/7	12/8	12/9
天壇	舉善堂	喜善堂	明善堂	喜善堂	
佛壇	明善堂	喜善堂	喜善堂	舉善堂	舉善堂
諸真壇	喜善堂	明善堂	舉善堂	喜善堂	喜善堂
先靈壇	喜善堂	舉善堂	喜善堂	明善堂	明善堂
燈篙壇／榜壇	個人	個人	個人	個人	個人

資料來源：不著撰人，〈正法繳書課程表〉（高雄：鳳邑誠心社明善堂，未出版）。吳振豐彙整製表。

　　綜上所述，鸞堂間互動從「人」所開啟，進而拓展至地區性多方互動，但雙方這層關係結束中斷，卻同樣為「人」。鸞堂隨著堂生流逝與信仰淡化，各堂之間互動逐漸減少，且鸞堂著書並非常態，不管是聯合或協同參與，都僅能算短暫性交流。若要維持長期互動，則需開拓其他模式，也因此平常有盤擱友堂，會轉往常態性祭儀，如堂慶或正主席聖誕祭典祝壽、宴請（圖 4-31）。甚至，堂生會以個人名義協助參與各鸞堂七月普度或祭聖科儀，來維持雙方情誼，以維繫鸞堂間長遠互動發展。

圖 4-31　友堂恭賀誠心社明善堂創堂 70 週年
資料來源：吳振豐拍攝。

第三節　誠心社明善堂面臨難題與挑戰

　　鸞堂能穩定持續運作，最重要條件為「人」。誠心社明善堂至今發展已七十餘年，在歷史洪流中，逐漸面臨各種大環境挑戰，這些足以撼動其在地方社會根基，連帶導致信仰淡化。筆者以身為局內人經長時間參與觀察，試論誠心社明善堂正面臨哪些困境，以及就堂內既有鸞務和堂務運作模式，該如何因應與解決。

一、當前困境

　　一座鸞堂得以穩定運作，堂生是組成必然要素。誠心社明善堂早期堂生構成有地域性，多為赤山庄內庄民，堂生亦因地緣關係對本庄具認同感，這兩大關鍵形成堂生上百人的風華樣貌。不過，近二十年來赤山庄因都市計畫影響，從早期傳統農業自然村聚落，蛻變轉型成商業商圈，雖然帶來區域經濟繁榮，卻也造成庄內人口結構改變，居民多為外來移入，聚落組成不如先前以在地庄民為主。

　　時代快速變遷，科技化盛行，當代人對宗教文化普遍感到冷漠與排斥，重視自己的私人時間、社交娛樂和生活品質，不若早期單純傳統社會，會借助宗教來尋求信仰和心靈寄託。大環境影響導致誠心社明善堂面臨無信仰者窘況，從筆者統計資料來看，近八年來成為誠心社明善堂信仰者人數僅有6人，而堂生人數持續流逝，首當其衝即是面臨堂生高齡化問題（表4-3）。

表 4-3　誠心社明善堂歷年堂生宣誓人數與年齡一覽表

歷年宣誓堂生		堂生年齡分布	
年分	人數	年齡（歲）	人數
2017	0	90-99	2
2018	0	80-89	11
2019	2	70-79	17
2020	0	60-69	13
2021	0	50-59	4
2022	3	40-49	2
2023	0	30-39	2
2024	1	20-29	1

資料來源：吳振豐田野調查資料彙整製表。

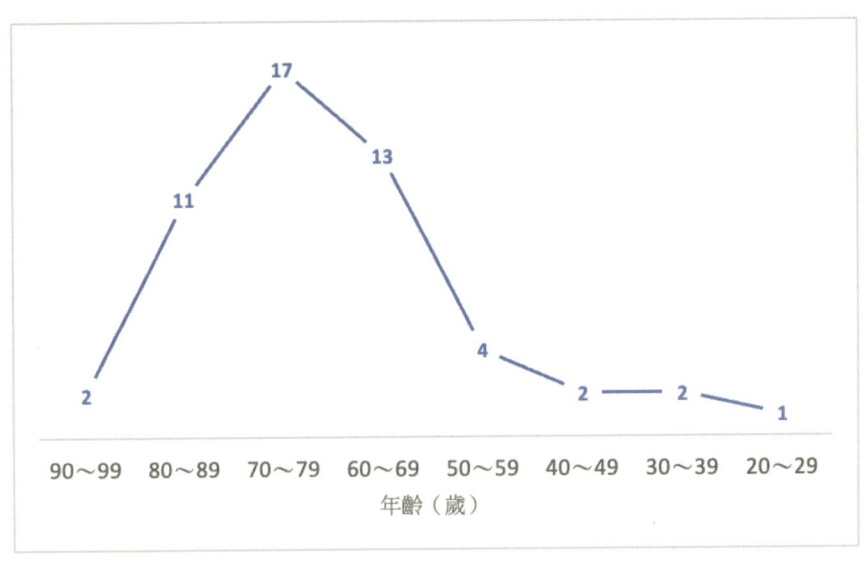

圖 4-32　誠心社明善堂堂生年齡分布圖
資料來源：吳振豐繪製。

高齡化是當前眾多鸞堂迫切面臨的一大困境，誠心社明善堂礙於堂內一直無新信仰者，既有堂生又隨時間逐漸流逝，年齡持續上升，產生世代交替斷層。依堂內資料來看，當前堂生共有 52 人，最年輕堂生為筆者，最高齡兩位堂生都有被派任要職，一位副堂主，另一為誥誦生，至今鸞期皆會到堂效勞。中壯年 20-60 歲這區段，只有少數 9 位堂生，而堂內多數幹部與演經、聖樂人員，甚至六部年齡，多介於 60-80 歲，形成不管是堂務管理經驗傳承，抑或鸞務六部鸞生歷練，都無法有效銜接，進而加速堂內組織停滯（圖 4-32）。

誠心社明善堂不像其他鸞堂擁有獨立堂所，為因應時代變化多已走向「公廟化」模式，有香油錢、光明燈等財源進帳。當前收入全仰賴堂生每年所繳交堂費和個人寄附，這情況下堂內運作、活動難以有所展現，間接影響長遠發展。

現今鸞堂信仰持續淡化，再加上共祀赤山文衡殿內，空間配置上有所隔閡。雖然位於二樓擁有獨立空間場域，可提供堂內扶鸞儀式使用，但就祭祀動線而言，似乎難以讓赤山文衡殿信眾與誠心社明善堂，輕易產生連結而有所共鳴，更別說要觸及非信徒的一般民眾。

不過，鸞堂在地方社會裡，本就帶有文昌信仰元素，而誠心社明善堂所奉祀神祇，又多與其有著相關聯性。筆者經長時間實地觀察，來赤山文衡殿祭祀民眾，會在考季將臨前，特地至二樓誠心社明善堂祭祀（圖 4-33）。這些民眾有二個共通點：一放准考證；二攜帶小孩。也就是說，一般民眾還是會因堂內奉祀文昌帝君，特意前來祈求學業順遂、保佑仕運昌隆，但對鸞堂運作模式與用意，完全沒有概念。

歸咎其原因，第一，誠心社明善堂的空間體現，讓人難以得知其

圖 4-33　民眾祭拜誠心社明善堂文昌帝君
資料來源：吳振豐拍攝。

為鸞堂，有扶鸞行為，只知此處為祭祀地點。第二，在運作模式上，又僅有鸞期才能見到堂生前來參與扶鸞儀式，平時難見其出入堂內，畢竟在多數堂生的認知中，鸞堂帶有教育作用，視其為「學校」，奉行以神為師，是藉以扶鸞詩文闡化，達成修身、修己、修性的「場所」，並不會主動告知民眾自己擁有堂生身分。第三，鸞堂雖以飛鸞勸化作為核心儀式，但若民眾欲參與、觀摩，又受限於儀式進行有無形文化空間和嚴格例律規定，導致無堂生身分者難以參與。

總而言之，誠心社明善堂因場所空間匡限，又在扶鸞儀式運作上，有其自身的條件規定，再加上長久以來組織運作習慣與堂生既有觀念，鸞堂多帶有「神秘性」和「封閉性」，造成非鸞堂信仰者無法輕易接觸儀式運作，隔開彼此之間的距離。

反之，假如民眾對鸞堂信仰已經產生認同，欲成信仰者，接續還得面臨鸞期問題與受限自身條件。誠心社明善堂在鸞期安排，至今尚維持創堂時模式，以「三、六、九」作為鸞期，也就是農曆的初三、初六、初九、十三、十六、十九、二三、二六、二九，加上初一、十五共 11 天，等於每月至少有三分之一時間，晚上需固定到堂效勞，若又有被恩師派任六部鸞生之職，更需期期到堂效勞。

第四章　鸞堂、公廟與地方社會

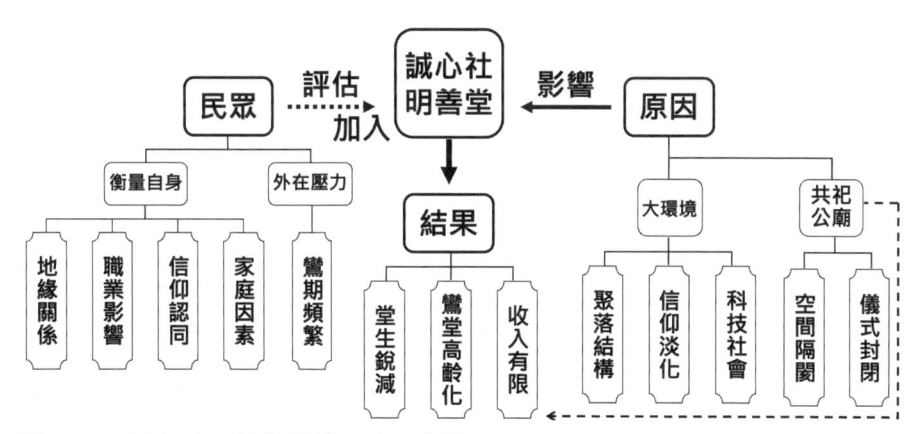

圖 4-34　誠心社明善堂當前困境示意圖
說明：虛線為間接影響。
資料來源：吳振豐繪製。

這嚴苛鸞期運作條件，對欲成為鸞堂信仰者的一般民眾，間接產生無形壓力。加之再衡量自身當前職業種類、地緣關係位置遠近，以及家庭認同等因素，而最終卻步，導致鸞堂信仰持續衰微（圖4-34）。

二、因應解決對策

鸞堂能否穩定運作，組織內堂務、鸞務運作可作為參考指標，這當中又以鸞務順暢是否持續進行，成為評斷代表。誠心社明善堂欲解決信仰者流逝要因，首重即是將傳統鸞堂內運作模式帶有「封閉性」、「神秘性」的包袱去除，而鸞務執行和堂務經營，則需要保持「永續長存」和「向外拓展」兩大方向（圖4-35）。

就當前狀況來說，改變原先誠心社明善堂運作模式勢在必行，信仰本就是日常生活一部分，要有所解決，最主要關鍵，需要抓住潛在鸞堂信仰者且需拓及一般民眾。簡言之，即是走入「民眾生活」讓其有「參與感」，並產生「信仰認同」。但是，誠心社明善堂長久以來的

163

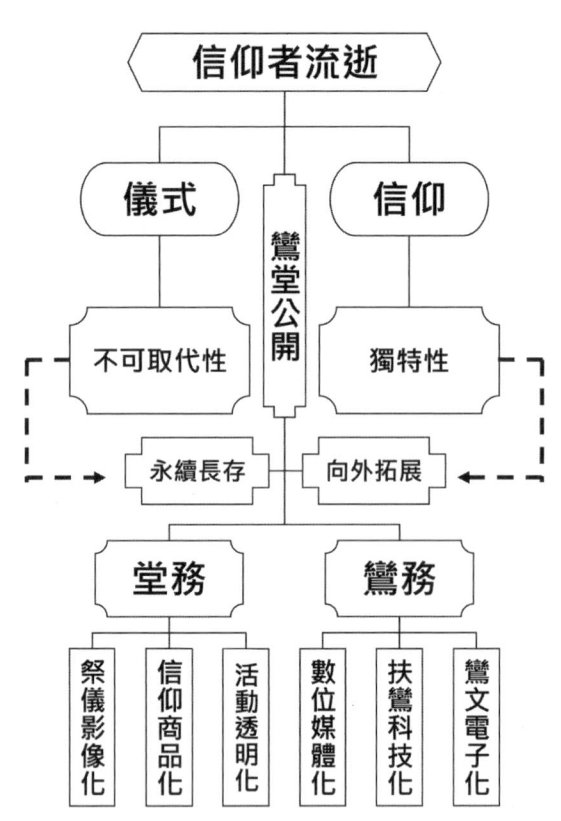

```
                    信仰者流逝
                   ┌─────┴─────┐
                ┌──┴──┐     ┌──┴──┐
                │ 儀式 │  鸞  │ 信仰 │
                └──┬──┘  堂  └──┬──┘
                ┌──┴──┐  公  ┌──┴──┐
            ←── │不可取│  開  │獨特性│ ──→
                │代性 │     │     │
                └──┬──┘     └──┬──┘
                ┌──┴──┐     ┌──┴──┐
                │永續長存│    │向外拓展│
                └──────┘     └──────┘
                   ┌─────┴─────┐
                ┌──┴──┐     ┌──┴──┐
                │ 堂務 │     │ 鸞務 │
                └──┬──┘     └──┬──┘
              ┌────┼────┐  ┌────┼────┐
            祭儀  信仰  活動  數位  扶鸞  鸞文
            影像  商品  透明  媒體  科技  電子
             化    化    化    化    化    化
```

圖 4-35　誠心社明善堂解決對策示意圖
資料來源：吳振豐繪製。

運作習慣，既有各項活動都僅「對內」，不開放外人參與，再加上受到空間場所限制，無形中區隔開非鸞堂信仰者，框限堂內長遠發展，要有成效，勢必得將既有堂務和鸞務活動「公開化」，方能觸及非鸞堂信仰者接觸鸞堂。

　　首先，鸞務運作方面，誠心社明善堂扶鸞儀式尚維持傳統模式，由正鸞生握筆扶字、唱鸞生報念字句、錄鸞生即刻抄寫鸞文至稿件上。若儀式進行過程，能適當投入數位化和電子化應用，將電腦融入

圖 4-36　誠心社明善堂運用科技輔助宣講
資料來源：吳振豐拍攝。

藉由繕打取代原先手抄，同時搭配螢幕投射，將鸞文逐字逐句公開，直接目擊聖、神、仙、佛所降筆內容。這樣做法，對非直接接觸鸞文迎送生或欲觀摩民眾來說，會有「投入感」，並非僅於堂下靜坐。

再者，所撰打鸞文，可立即轉為電子化收藏，取代傳統紙本稿件難以保存，容易損毀、遺失等缺點，亦能輔佐宣講活動進行（圖4-36），於網路上公開傳閱。畢竟，鸞文乃扶鸞儀式下產物，更是鸞堂勸化、教化世人的重要文本。

上述提及扶鸞儀式融合現代化工具，能使鸞堂迎合數位化時代，不被科技洪流淘汰。然要能吸引民眾對鸞堂信仰產生興趣，如何掌握資訊傳播速度與網路影響力，就顯得相當重要。當今網路媒體盛行，新興自媒體異軍突起引領新的潮流，全球化是當代不可避免要素，亦拜全球化影響，網路世界無遠弗屆，宗教信仰可以藉由新興媒體拓展至全世界。如少數鸞堂會將整場扶鸞儀式、宣講過程等堂內活動，由網路直播或影片錄製方式，透過各種網路媒體行銷流傳，對外曝光其知名度，藉此吸引信仰群眾。

要能長遠、穩定在地方社會裡發展，對誠心社明善堂而言，必然維持既有儀式「不可取代性」和信仰「獨特性」。儀式部分，演經、

聖樂為堂務對外交流的一大關鍵，亦是各項祭儀穩定進行必要組成，而堂內經生、樂生參與人數的維持，就顯得相當重要。對此，誠心社明善堂會固定時間自主、無償性教授，吸引有興趣民眾前來學習，藉增加堂內經部、樂部人員，甚至錄製當前各項祭儀進行時影像，除能供欲學習者作為參考之用外，也能作為堂內長遠保存紀錄。

在信仰方面，需維持鸞堂自身在地方社會裡帶有「文昌」獨特性。由於非鸞堂信仰者會因誠心社明善堂奉祀多位帶有文昌信仰象徵神祇，進而前往祈求學業、事業順遂。針對在地方社會裡擁有此優勢與需求性，能與鄰近國小、國中、高中等學校建立互動關係，每逢考季前舉辦文昌祭祀活動，由堂主帶領眾考生一同祭拜誦唸文疏，以保佑考試順利；堂內則提供求取文昌智慧筆、祈福小卡與各式文昌吊飾，供需求者索取，如此，除能鞏固誠心社明善堂於地方社會裡的「獨特性」，也能提升鸞堂信仰曝光度，更能增加堂內額外收入與寄附金額，以利支撐鸞堂活動具彈性與多樣性。

除此之外，誠心社明善堂今已逐步跨出傳統界線，嘗試每月農曆初一、十五日鸞期，將原於二樓僅限堂生且非公開性的扶鸞儀式，移至一樓大殿內公開舉行，甚至適逢堂內祭聖時，開放參與團拜，讓非鸞堂信仰者能藉此產生「參與感」，達到「信仰認同」。畢竟，當前鸞堂信仰持續式微化是無可避免的，但現階段誠心社明善堂組織幹部該如何去正視此課題，筆者認為是積極迫切的。必須打破傳統組織結構與運作模式，去銜接現代化衝突，就當前堂生流逝，造成高齡化的大問題，商議並提出解決因應對策。

第五章　結論

　　赤山庄是緊鄰清代鳳山縣城以北的傳統自然村聚落，早在明鄭時期就已有軍隊、先民至此落墾開戶，因擁有獨厚天然地形，官方在此修築天然埤塘「赤山陂」，以利聚落周圍而用。清領初期大量招募移民來臺，赤山庄仍維持明鄭時期所開墾雛形，持續朝周圍蔓延，擴大土地拓墾面積，以致康熙中葉人口達一定數量，上述皆於清代方志《臺灣府志》內有所記載。

　　地理位置獨特與擁有水利資源，是造就赤山庄快速發展兩大主因。地理位置部分，〈乾隆臺灣輿圖〉中清楚標示赤山庄所在，是左營舊城、鳳山新城來往必經之地，故推算於乾隆53年（1788）前，赤山聚落就已大致底定。水利資源方面，道光年間受惠知縣曹謹開鑿曹公新圳，引下淡水溪，蓄積赤山庄北邊天然陂塘公爺陂，以調節儲存灌溉用水，使水源能穩定供給，免受天然災害影響。各地旱田加速水田化，從而聚落如點狀般大量成型，奠定清代鳳山平原各庄頭發展過程。

　　有「人」才有「聚落」，有「聚落」才有「信仰」生成，有「信仰」才有「建廟」可能。聚落穩定發展下，地方信仰勢必隨之而起。赤山庄廟文衡殿，推算大致乾隆年間就有信仰構成。清代屯墾稅賦制度下，庄民主動將多數位於兩埤周圍土地，寄附登記在赤山文衡殿下，藉以納租和賦稅，而曹公新圳支流匯於兩埤（公爺陂、草陂）儲存，數支圳道需仰賴其放水供應，以致每年曹公新圳水利組織，主動撥款給予文衡殿，固定作為香油錢使用。

　　不料政權轉移至日本官方，總督府強行介入地方社會，企圖干涉民間水圳從私有化轉往公共化，以此掌握龐大經濟利益，原先大埤、

山子腳、林內、鳳山街赤山等四庄共同公業兩埤產權無故被納入官方旗下。昭和12年（1937）又因赤山文衡殿重建完成，正逢總督府實施「寺廟整理運動」遭到廢止而香火中斷，原先擁有固定收入與清代留存多數廟產，被以「社會教化」理由，全部強制徵收納入鳳山郡教化助成會。

戰後國民政府接收臺灣，成立高雄州接管委員會，將原先被日人強制徵收之廟產土地，順勢移交高雄縣政府接收。赤山文衡殿亦因香火中斷許久，廟內幾乎呈現荒廢樣貌，遭到隨國民政府撤離來臺軍眷占領，以廟內為家，種種原因使香火無法復甦。所幸，逢誠心社明善堂設立，這一切才出現轉機。

民國43年（1954），誠心社明善堂設立赤山文衡殿，鸞堂信仰正式進入赤山庄，開啟至今長達七十年在地方社會的興盛發展，造就今日成為鳳山地區指標性鸞堂之一。誠心社明善堂發展過程中，以創堂與赤山文衡殿重建這兩個時期最為關鍵，不可忽視身為創堂生與地方菁英的陳文波和邱松正，在這階段所擔任角色與身分。

陳文波因早期在鳳山街靜心社舉善堂參與學習，方能引入其餘創堂12位堂生一同進入鸞門；再就其工作司職關係與自身人群網絡背景，以興建「義宅」條件，換取安置占領鳳山地區各寺廟之軍眷撤離，使赤山文衡殿回歸安寧，鸞堂信仰能進入赤山庄內設立。

誠心社明善堂創堂十三位堂生，會選擇回赤山庄廟文衡殿內設立，是考量各種條件後商議的結果。顧慮當時政府實施〈辦理寺廟總登記應行注意事項〉和〈臺灣省修建寺廟庵觀應行注意事項〉政策，對既有和欲籌組堂所寺廟，進行全面管控與登記，僅有佛、道兩宗教

合法，鸞堂在宗教定位與立場顯得非常尷尬。加上當時尚有神權迷信之疑慮，故採用隱身庄廟內，可以減少許多問題，除能復甦赤山文衡殿香火，庄民可以就近參與外，亦能避免建立堂址所需的龐大支出。

誠心社明善堂長期在赤山庄內發展，與地方公廟因「共神信仰」衍伸關聯，使堂生建構出「認同感」、庄民產生「共同性」，由祀神串起鸞堂與公廟，進而深入影響赤山地方社會。然而，民國76年（1987）赤山文衡殿重建，誠心社明善堂卻面臨無處扶鸞困境。所幸，透過時任赤山文衡殿董事長暨誠心社明善堂副堂主邱松正協助，方能暫時遷移至庄內角頭廟文農宮，借祀空間繼續扶鸞闡化。

赤山文衡殿重建完工後，廟方正式成立管理組織，誠心社明善堂欲遷回廟內，卻遭遇少數信徒以會占用地方庄廟資源等理由反對。幸得邱氏與擔任廟方重建委員之堂內幹部們從中協調，以早期誠心社明善堂寄祀赤山文衡殿內，所有開銷全仰賴堂生繳交堂費支出而用，以及自主性協助廟內祭儀與各項管理，才得以有今日之事實，使反對者妥協，讓鸞堂能重回赤山文衡殿內持續發展，雖然兩者管理組織不同，但雙方亦因位處同個場所，形成獨特的「共祀」模式。

甚至，彼此在「祭儀」上有相同認知，如廟內祭聖、初一十五消災科儀、七月普度，皆仰賴堂生協助，由鸞堂出「人」負責經懺誦唸與聖樂搭配，廟方提供「場所」與備妥「供品」，雙方採取「互助」模式。這種鸞堂與公廟長期交流，逐漸擴大至地方社會，延伸赤山聚落內各廟宇。加上鸞堂又有文昌信仰象徵，可直接與非鸞堂信仰者在信仰、儀式上有所接觸。簡言之，赤山聚落受到誠心社明善堂的影響甚深。此外，在地方社會互動中，不僅限庄內民眾與公廟，更藉「人」所有網絡，逐步拓展至各鸞堂，於醮典科儀上產生互動與支援。

能穩定發展至今，反映出誠心社明善堂與地方公廟在「信仰」和「儀式」上有共識，彼此相互交流協助，代表鸞堂在赤山聚落中，擁有「不可替代性」與「獨特性」，這層關係慢慢深化至地方社會裡，顯示出聚落公廟與庄民對鸞堂信仰並不排斥，甚至轉而接受並認同，形成鸞堂、公廟和地方社會三者在信仰和儀式層面上環環相扣。

　　雖然誠心社明善堂與公廟關係互動緊密，在地方社會裡擁有不可取代角色定位，但當前面對最大難題，為招收不到信仰者窘境。歸咎鸞堂長久以來建構出的「神祕性」與「封閉性」，以致外人無法輕易窺探其運作。最重要的是，大環境因素衝擊、祭祀空間產生隔閡、民眾衡量自身條件因素等無可避免問題，皆使得誠心社明善堂自身在「堂務」和「鸞務」，遭遇後繼無人而無法有效銜接，加速堂內組織發展停滯，接連導致鸞堂信仰式微。

　　對此，誠心社明善堂意識到這些困境，這幾年積極蛻變轉型，從堂內「鸞務」與「堂務」著手，將長久以來傳統封閉運作習慣，透過公開化方式，走入民眾日常生活。鸞務方面，固定初一、十五於赤山文衡殿大殿公開扶鸞，解決儀式封閉性與神祕性要因，打破空間隔閡與距離限制，讓非鸞堂信仰者也能一探究竟；堂務部分則是將堂內每年眾多祭聖祭儀，擴大對外舉辦，破除原先非公開原則，讓廟方信徒、里民都能蒞臨參與，不再侷限堂生與廟方執事人員。

　　誠心社明善堂當今維持自身在地方社會裡，擁有「不可取代性」和「獨特性」兩大關鍵。試圖以堂內奉祀神祇多帶有文昌信仰獨特優勢，拓及至地方社會，希冀藉由與赤山文衡殿共祀，能延伸吸引非鸞堂信仰者至堂內祭祀，增加信仰者與認同。甚至，維持與地方公廟間的互動模式，鞏固鸞堂在地方社會裡角色與地位，使不被輕易取代。

總結，因鸞堂信仰式微化，導致信仰者缺乏，這乃當今大環境之影響，以現況來看，鸞堂如何因應與提出對策，筆者認為是積極迫切的。最後，還必須依靠堂內幹部與堂生們一同面臨解決，方能讓誠心社明善堂，朝向百年邁進，再創下一個七十年的精彩風光。

徵引書目

一、史料文獻

(一) 書籍

王瑛曾主修（2006〔1764〕），《重修鳳山縣志（上）》。臺北：行政院文化建設委員會。

李丕煜主修（2005〔1720〕），《鳳山縣志》。臺北：行政院文化建設委員會。

高拱乾（2004〔1696〕），《臺灣府志》。臺北：行政院文化建設委員會。

楊英（1958），《從征實錄》，臺灣文獻叢刊第32種。臺北：臺灣銀行經濟研究室。

臺南廳編（1915），《寺廟調查書：台南廳》。出版地不詳：國立中央圖書館臺灣分館藏。

臺灣慣習研究會編（1901），《臺灣慣習記事　第壹卷》。臺北：臺灣慣習研究會。

鳳山郡役所（1940），《昭和十五年三月二十五日　部落振興團體研究會發表要項》。高雄州：鳳山郡役所。

增田福太郎（1935），《臺灣本島人の宗教》。東京：財團法人明治聖德紀念學會。

劉寧顏主纂（1992），《重修臺灣省通志・卷三・住民志》。臺中：臺灣省文獻委員會。

蔣毓英（2004〔1684〕），《臺灣府志》。臺北：行政院文化建設委員會。

盧德嘉纂輯（2007〔1894成稿未刊〕），《鳳山縣采訪冊（上）》。臺北：行政院文化建設委員會。

臨時臺灣土地調查局編（1905），《臺灣土地慣行一斑　第壹編》。臺北：臨時臺灣土地調查局。

臨時臺灣土地調查局編（1905），《臺灣土地慣行一斑　第貳編》。臺北：臨時臺灣土地調查局。

臨時臺灣土地調查局編（1905），《臺灣土地慣行一斑　第參編》。臺北：臨時臺灣土地調查局。

臨時臺灣戶口調查部（1907），《明治三十八年臨時臺灣戶口調查集計原表》。出版地不詳：臨時臺灣戶口調查部。

簡炯仁主編（2004），《鳳山市志》。高雄：鳳山市公所。

(二) 碑碣

不著撰人，〈下頭角神農宮史蹟紀念〉（1983年4月28日立於大殿右側）。

不著撰人，〈大華村福德宮福德正神沿革〉（立於福德宮左側）。

不著撰人，〈財團法人鳳山市文衡殿興建文山集會堂紀念誌〉（立於戲臺牆上）。

不著撰人，〈曹公圳記碑〉（1971年立於曹公祠右側）。

不著撰人，〈廉明德政去思碑〉（乾隆9年〔1744〕九月落款，現今立於赤山文衡殿）。

不著撰人，〈鳳山市文山里文農宮重建誌銘〉（1973年立於文農宮左側）。

不著撰人,〈鳳邑文山里文農宮沿革〉(2001 年 3 月 7 日立於大殿右側)

不著撰人,〈鳳邑文衡殿沿革〉(立於赤山文衡殿大殿右方)

不著撰人,〈鳳邑文衡殿重建委員會〉(立於赤山文衡殿大殿右方)。

不著撰人,〈鳳邑文衡殿興建樂捐芳名錄〉(立於赤山文衡殿大殿左側)。

不著撰人,〈鳳邑赤山文衡殿沿革〉(立於赤山文衡殿大殿右方)。

不著撰人,〈鳳邑赤山福德祠沿革〉(2000 年 8 月立於外側牆壁)。

不著撰人,〈鳳邑修心社靈善堂重建記〉(1983 年立於修心社靈善堂一樓)。

不著撰人,〈鳳邑啟明社樂善堂沿革記實〉(1977 年立於啟明社樂善堂側室)。

不著撰人,〈鳳邑誠心社明善堂沿革〉(立於誠心社明善堂右側)。

不著撰人,〈鳳邑誠心社明善堂聖示堂規例律〉(立於誠心社明善堂內)。

不著撰人,〈鳳邑靜心社舉善堂 60 週年沿革紀念碑〉(1987 年立於靜心社舉善堂堂前空地)。

(三)手抄鸞文(未出版)

不著撰人(1955),〈鳳邑誠心社明善堂民國 44 年 2 月 6 日手抄鸞文〉。

不著撰人(1955),〈鳳邑誠心社明善堂民國 44 年 3 月 3 日手抄鸞文〉。

不著撰人(1955),〈鳳邑誠心社明善堂民國 44 年 3 月 15 日手抄鸞文〉。

不著撰人(1955),〈鳳邑誠心社明善堂民國 44 年 4 月 28 日手抄鸞文〉。

不著撰人（1955），〈鳳邑誠心社明善堂民國 44 年 5 月 3 日手抄鸞文〉。

不著撰人（1955），〈鳳邑誠心社明善堂民國 44 年 6 月 13 日手抄鸞文〉。

不著撰人（1955），〈鳳邑誠心社明善堂民國 44 年 10 月 19 日手抄鸞文〉。

不著撰人（1955），〈鳳邑誠心社明善堂民國 44 年 12 月 19 日手抄鸞文〉。

不著撰人（1956），〈鳳邑誠心社明善堂民國 45 年 6 月 15 日手抄鸞文〉。

不著撰人（1956），〈鳳邑誠心社明善堂民國 45 年 6 月 19 日手抄鸞文〉。

不著撰人（1956），〈鳳邑誠心社明善堂民國 45 年 8 月 3 日手抄鸞文〉。

不著撰人（1956），〈鳳邑誠心社明善堂民國 45 年 8 月 19 日手抄鸞文〉。

不著撰人（1956），〈鳳邑誠心社明善堂民國 45 年 9 月 1 日手抄鸞文〉。

不著撰人（1956），〈鳳邑誠心社明善堂民國 45 年 9 月 13 日手抄鸞文〉。

不著撰人（1956），〈鳳邑誠心社明善堂民國 45 年 9 月 16 日手抄鸞文〉。

不著撰人（1956），〈鳳邑誠心社明善堂民國 45 年 10 月 15 日手抄鸞文〉。

不著撰人（1956），〈鳳邑誠心社明善堂民國 45 年 12 月 3 日手抄鸞文〉。

不著撰人（1958），〈鳳邑誠心社明善堂民國 47 年 4 月 3 日手抄鸞文〉。

不著撰人（1958），〈鳳邑誠心社明善堂民國 47 年 4 月 6 日手抄鸞文〉。

不著撰人（1958），〈鳳邑誠心社明善堂民國 47 年 9 月 29 日手抄鸞文〉。

不著撰人（1983），〈鳳邑誠心社明善堂民國 72 年 6 月 1 日手抄鸞文〉。

不著撰人（1987），〈鳳邑誠心社明善堂民國 76 年 9 月 15 日手抄鸞文〉。

不著撰人（1987），〈鳳邑誠心社明善堂民國 76 年 11 月 3 日手抄鸞文〉。

不著撰人（1988），〈鳳邑誠心社明善堂民國 77 年 10 月 3 日手抄鸞文〉。

不著撰人（1989），〈鳳邑誠心社明善堂民國 78 年 8 月 19 日手抄鸞文〉。

不著撰人（1988），〈鳳邑誠心社明善堂民國 78 年 8 月 26 日手抄鸞文〉。

不著撰人（1990），〈鳳邑誠心社明善堂民國 79 年 5 月 1 日手抄鸞文〉。

不著撰人（1993），〈鳳邑誠心社明善堂民國 82 年閏 3 月 1 日手抄鸞文〉。

不著撰人（1994），〈鳳邑誠心社明善堂民國 83 年 2 月 6 日手抄鸞文〉。

不著撰人（1994），〈鳳邑誠心社明善堂民國 83 年 4 月 13 日手抄鸞文〉。

不著撰人（1994），〈鳳邑誠心社明善堂民國 83 年 9 月 1 日手抄鸞文〉。

不著撰人（1994），〈鳳邑誠心社明善堂民國 83 年 9 月 19 日手抄鸞文〉。

不著撰人（1995），〈鳳邑誠心社明善堂民國 84 年 3 月 13 日手抄鸞文〉。

不著撰人（2020），〈鳳邑誠心社明善堂民國 109 年 6 月 13 日手抄鸞文〉。

不著撰人（2020），〈鳳邑誠心社明善堂民國 109 年 9 月 26 日手抄鸞文〉。

不著撰人（2022），〈鳳邑誠心社明善堂民國 111 年 12 月 24 日手抄鸞文〉。

（四）鸞書

鳳山五甲協善心德堂（1971），《醮刊》。高雄：鳳山五甲協善心德堂。

鳳邑啟明社樂善堂（2023），《醒世迷津》。高雄：鳳邑啟明社樂善堂。

鳳邑誠心社明善堂（1958），《正風》。高雄：鳳邑誠心社明善堂。

鳳邑誠心社明善堂（1968），《衛道》。高雄：鳳邑誠心社明善堂。

鳳邑誠心社明善堂（2006），《浮生映道》。高雄：鳳邑誠心社明善堂。

鳳邑誠心社明善堂（2020），《正法》。高雄：鳳邑誠心社明善堂。

鳳邑誠心社明善堂（2022），《正道》。高雄：鳳邑誠心社明善堂（再版）。

鳳邑誠心社明善堂（2022），《明道》。高雄：鳳邑誠心社明善堂（再版）。

（五）報紙（依時序排列）

〈鳳山旱害〉（1918年10月18日），《臺灣日日新報》日刊，第4版。

〈五州二廳管內の街庄長及協議員（七）高雄州管內〉（1920年10月13日），《臺灣日日新報》日刊，第4版。

〈鳳山通信　鳳山宣講社〉（1923年4月28日），《臺南新報》日刊，第5版。

〈鳳山旱魃飲用水は缺乏甘蔗は枯死〉（1923年5月27日），《臺灣日日新報》日刊，第9版。

〈鳳山通信　婦女夜學會〉（1923年11月21日），《臺南新報》日刊，第5版。

〈宣講社解散〉（1924年7月11日），《臺灣日日新報》夕刊，第4版。

〈孔子教義之研究〉（1926年5月22日），《臺灣日日新報》日刊，第4版。

〈鳳山街　省心社祭聖〉（1926年10月6日），《臺南新報》日刊，第6版。

〈鳳山旱害　小雨不濟於事〉（1933年9月5日），《臺灣日日新報》日刊，第8版。

〈大埤住民五十餘名　就兩埤被組合轉贌苦情　陳情于西澤知事〉（1935年2月6日），《臺灣日日新報》夕刊，第4版。

〈社說：事變下の臺灣と寺廟整理——信仰の革新機運を善導せよ〉（1938年5月18日），《臺灣日日新報》日刊，第1版。

〈百五十萬圓を投じ工業用水道を敷設伸びる高雄の工業地帶〉（1939年4月8日），《臺灣日日新報》日刊，第5版。

〈財團組織の下に　寺廟の財產を整理　高雄州鳳山郡に初の許可〉（1939年7月9日），《臺灣日日新報》日刊，第7版。

〈舊慣や寺廟祠　鳳山で改革　斷乎改善委員會結成〉（1938年6月19日），《臺灣日日新報》日刊，第5版。

〈義民住廟宇不得瀆神靈〉，《公論報》（1950年6月28日），第3版。

〈鳳山忠義新村又有新屋十間落成每間建築費六百餘元〉，《公論報》（1952年9月1日），第3版。

（六）官方檔案

〈公布全國戒嚴令及台灣省戒嚴令〉，《總統府・戒嚴時期軍法機關自行審判及交法院審判案件劃分辦法》，國家發展委員會檔案管理局，檔號：A200000000A/0038/3120202/9/1/001。

〈立法院第一屆第八十會期第四十二次會議紀錄〉（1987），《立法院公報》，77（6上），頁125-126。

〈卸任總統後：函（六十七年）（一）〉，《嚴家淦總統文物》，國史館藏，

數位典藏號：006-010906-00001-045。

〈奉電設立本縣宣慰隊分赴各區鄉鎮宣傳綏靖要義希切實辦理〉，《高雄縣政府・二二八事變宣慰綏靖》，國家發展委員會檔案管理局，檔號：A376520000A/0036/192.1/01/02/004。

〈為呈高雄縣二二八事變中有功人員講令轉給〉，《高雄縣政府・二二八事變公務員懲獎》，國家發展委員會檔案管理局，檔號：A376520000A/0036/035.1/01/04/017。

〈為將高雄縣所有鳳山市文山段六四八、六五一第號等二軍土地贈與財團法人鳳山市文衡殿及岡山鎮大寮段一〇二一九等四筆土地出售（合計六筆）擬依土地法廿五條之規定完成處分程序（詳如附清冊）敬請惠予審議。〉，《臺灣省高雄縣參議會第 11 屆第 3 次臨時大會》，地方議會議事錄，典藏序號：011c-11-02-050602-0230。

〈為鳥松鄉夢裡段二三二之一號地內八庄工爺廟使用面積即將來擴展用地請高雄縣政府准予一併撥租或撥售案〉，《臺灣省高雄縣議會第 7 屆第 5 次大會及第 8.9 次臨時會》，地方議會議事錄，典藏序號：011c-07-05-050601-0284。

〈為鳳山忠義新村房屋破損不堪影響觀瞻應請予拆除重建案。〉，《臺灣省高雄縣議會第 8 屆第 4 次大會及第 6.7 次臨時會》，地方議會議事錄，典藏序號：011c-08-04-050603-0265。

〈高雄縣鳳山市民張〇〇等陳情為請協助准予續住現居住忠義新村之房屋以免被地主開漳聖王廟拆除案。〉，《臺灣省議會史料總庫・檔案》，典藏號：0031230075042。

〈高雄縣鳳山區之道教廟宇於日據時代被鳳山區社會教化助成會沒收之財產應請政府發還各廟宇以重民信案〉，《臺灣省高雄縣議會第 5 屆

第 3 次大會及第 3 次臨時會》，地方議會議事錄，典藏序號：011c-05-03-050602-0128。

〈電送本縣綏靖工作報告乙份〉，《高雄縣政府・二二八事變綏靖工作報告》，國家發展委員會檔案管理局，檔號：A376520000A/0036/192.2/01/01/005。

〈請政府設置難民收容所安置來台難民案〉，《臺灣省高雄縣第 1 屆第 1 次大會議事錄》，地方議會議事錄，典藏序號：011c-01-01-050601-0089。

〈請將前鳳山郡社會教化助成會強制徵收私有之寺廟土地發還原業主，以保民權案，〉，《臺灣省高雄縣參議會第 1 屆第 7 次大會》，地方議會議事錄，典藏序號：011a-01-07-050615-0072。

〈請解決「忠義新村」與鳳山市「開漳聖王廟」土地紛爭案。〉，《臺灣省高雄縣議會第 10 屆第 7 次大會及第 14.15 次臨時會》，地方議會議事錄，典藏序號：011c-10-07-050601-0206。

〈請縣政府撥款興建鳳山市文化社區內老人活動中心乙座以供休憩活動案。〉，《臺灣省高雄縣議會第 11 屆第 4 次大會及第 7.8 次臨時會》，地方議會議事錄，典藏序號：011c-11-04-050601-0304。

〈議員許王朱鶯質詢：婦女詢問、鳳山示範國校做為收容所、警民協會會費等問題〉，《臺灣省高雄縣第 1 屆第 2 次大會議事錄（第一次臨時會）》，地方議會議事錄，典藏序號：011c-01-02-060800-0046。

「社寺廟宇調」（1898 年 1 月 24 日），〈明治三十二年臺灣總督府公文類纂乙種永久保存第二十七卷戶籍人事社寺軍事警察監獄〉，《臺灣總督府檔案・總督府公文類纂》，國史館臺灣文獻館，典藏號：00000395002。

「高雄州管內ノ公共埤圳組合ヲ水利組合ト為スノ件」(1924年4月20日)，〈大正13年4月臺灣總督府報第3214期〉，《臺灣總督府（官）報》，國史館臺灣文獻館，典藏號：0071023214a001。

「高雄縣議會第十一屆第三次臨時大會」，《臺灣省高雄縣議會第11屆第2次大會及第3.4次臨時會》，地方議會議事錄，典藏序號：011c-11-02-050600。

「陳萬儀等高雄縣政府新委人員等133員名單」(1946年5月30日)，〈高雄縣人員任免〉，《臺灣省行政長官公署》，國史館臺灣文獻館，典藏號：00303231135007。

「新圳總理任命ノ件（元臺南縣）」(1897年11月1日)，〈明治三十年臺南縣公文類纂永久保存第一二一卷內務門殖產部〉，《臺灣總督府檔案・舊縣公文類纂》，國史館臺灣文獻館，典藏號：00009780012。

「臺灣公共埤圳規則」(1901年7月4日)，〈明治34年7月臺灣總督府報第981期〉，《臺灣總督府（官）報》，國史館臺灣文獻館，典藏號：0071010981a001。

「鳳山郡社會教化助成會簿籍表冊移交清冊」(1946年7月29日)，〈鳳山區署案卷及簿籍表冊移交清冊〉，《臺灣省行政長官公署》，國史館臺灣文獻館，典藏號：00329440001054。

「據報改委陳文波、葉公亨充船舶聯隊組員及辦事員一案復希知照由」(1953年11月5日)，〈縣市局民防委會人員任免〉，《臺灣省級機關》，國史館臺灣文獻館，典藏號：0040323120806009。

高雄市政府編（2020），《高雄市政府公報》，冬：8。

徵引書目

國民政府編（1929 年 12 月 7 日），《國民政府公報》，340 期，頁 1-3。

臺灣省行政長官公署秘書處編輯室（1945），《臺灣省行政長官公署公報》，冬：1。

臺灣省行政長官公署秘書處編輯室（1946），《臺灣省行政長官公署公報》，夏：46。

臺灣省行政長官公署秘書處編輯室（1946），《臺灣省行政長官公署公報》，冬：65。

臺灣省行政長官公署秘書處編輯室（1946），《臺灣省行政長官公署公報》，冬：72。

臺灣省行政長官公署秘書處編輯室（1947），《臺灣省行政長官公署公報》，春：41。

臺灣省行政長官公署秘書處編輯室（1947），《臺灣省行政長官公署公報》，春：3。

臺灣省政府秘書處（1947），《臺灣省政府公報》，夏：67。

臺灣省政府秘書處（1948），《臺灣省政府公報》，秋：72。

臺灣省政府秘書處（1953），《臺灣省政府公報》，冬：42。

臺灣省政府秘書處（1953），《臺灣省政府公報》，冬：64。

臺灣省政府秘書處（1953），《臺灣省政府公報》，冬：71。

臺灣省政府秘書處（1954），《臺灣省政府公報》，秋：34。

臺灣省政府秘書處（1956），《臺灣省政府公報》，春：47。

臺灣省政府秘書處（1957），《臺灣省政府公報》，夏：18。

臺灣省政府秘書處（1983），《臺灣省政府公報》，夏：69。

總統府第三局編（1961年5月7日），《總統府公報》，2268期，頁1。

二、專書

丸井圭治郎（1993），《臺灣宗教調查報告書》（第一卷）。臺北：捷幼出版社。

王志宇（1997），《台灣的恩主公信仰——儒宗神教與飛鸞勸化》。臺北：文津出版社有限公司。

王志宇（2008），《寺廟與村落——臺灣漢人社會的歷史文化觀察》。臺北：文津出版社有限公司。

王志誠（2007），《在夢境的入口：高雄民間故事集》。高雄：高雄市政府文化局。

余光弘（1988），《媽宮的寺廟》。臺北：中央研究院民族學研究所。

吳進喜、施添福（1997），《高雄縣聚落發展史》。高雄：高雄縣政府。

宋光宇（1996），《天道傳燈——一貫道與現代社會》。臺北：王啟明出版發行。

宋增璋（1980），《臺灣撫墾志》。臺中：臺灣省文獻委員會。

李文良（2011），《清代南臺灣的移墾與「客家」社會（1680~1790）》。臺北：國立臺灣大學出版中心。

李世偉（1997），《日據時代臺灣儒教結社與活動》。臺北：文津出版社有限公司。

岡松參太郎著，陳金田譯（1990），《臺灣私法》（第一卷）。臺中：臺灣省文獻委員會。

岡松參太郎著，陳金田譯（1993），《臺灣私法》（第二卷）。南投：臺

灣省文獻委員會。

林美容（1997），《高雄縣民間信仰》。高雄：高雄縣政府。

林美容（2008），《祭祀圈與地方社會》。臺北：博揚文化事業有限公司。

林衡道（1974），《臺灣寺廟大全》。臺中：臺灣省文獻委員會。

林衡道（1978），《臺灣寺廟概覽》。臺中：臺灣省文獻委員會。

邱延洲（2016），《臺灣鳳邑儒教聯堂的飛鸞勸化與其社會網絡》，高雄研究叢刊第 3 種。高雄：高雄市立歷史博物館。

施添福總編纂（2000），《臺灣地名辭書 高雄縣（第二冊）》。南投：國史館臺灣文獻館。

胡振洲（1977），《聚落地理學》。臺北：三民書局股份有限公司。

高雄縣政府（2010），《高雄縣宗教之美專書（上冊）》。高雄：臺灣縣政府民政處。

張二文（2015），《臺灣六堆客家地區鸞堂與民間文化闡揚之研究》。臺北：博揚文化事業有限公司。

張有志（2015），《日治時期高雄地區鸞堂之研究》。臺北：博揚文化事業有限公司。

張耘書（2013），《臺南媽祖信仰研究》。臺南：臺南市政府文化局。

許地山（1994），《扶箕迷信的研究》。臺北：臺灣商務出版社。

黃有興（1992），《澎湖的民間信仰》，協和臺灣叢刊。臺北：臺原出版社。

鄭志明（1984），《臺灣民間宗教論集》。臺北：學生書局。

鄭志明（1998），《台灣扶乩與鸞書現象：善書研究的回顧》。嘉義：南

華管理學院。

鄭志明（2011），《台灣宗教的發展與變遷》。臺北：文津出版社有限公司。

鄭溫乾（1999），《鳳山市赤山社區採訪冊》。高雄：鳳邑赤山文史工作室。

簡炯仁（1998），《高雄縣的開發與族群關係》。高雄：高雄縣立文化中心。

三、期刊論文與專書文章

中華文化復興運動委員會編（1978），〈國父一百晉一誕辰暨中山樓落成紀念文〉，收於《總統蔣公倡導中華文化復興運動十週年紀念專輯》，頁 3-4。臺北：中華文化復興運動委員會。

王世慶（1985），〈從清代臺灣農田水利的開發看農村社會關係〉，《臺灣文獻》，36（2），頁 107-150。

王世慶（1986），〈日據初期臺灣之降筆會與戒烟運動〉，《臺灣文獻》，37（4），頁 111-152。

王志宇（1996），〈從鸞堂到儒宗神教——論鸞堂在臺之發展與傳布〉，收於李豐楙、朱榮貴編，《儀式、廟會與社區——道教、民間信仰與民間文化》，頁 157-177。臺北：中研院中國文哲研究所籌備處。

王志宇（2011），〈戰後臺灣新興鸞堂豐原寶德大道院之研究：教義與宗教活動面向的觀察〉，《臺灣文獻》，62（3），頁 351-384。

王志宇（2011），〈地方菁英、村莊公廟與民間教派——以臺灣彰化縣田尾鄉聖德宮的發展為例〉，收於陳允勇總編輯，《彰化媽祖信仰學

術研討會論文集（2011）》，頁91-106。彰化：彰化縣政府文化局。

王志宇（2015），〈日治時期永靖邱氏宗族與其鸞堂活動——以錫壽堂與醒化堂為中心〉，《華人宗教研究》，6，頁59-86。

王志宇（2019），〈從關平降詩看鸞書降神結構的轉變——以中部地區的鸞書為中心〉，《臺陽文史研究》，4，頁73-88。

王見川（1995），〈光復（1945）前臺灣鸞堂著作善書名錄〉，收於王見川主編，《民間宗教 第1輯：民國時期的教門專輯》，頁173-194。臺北：南天書局有限公司。

王見川（1995），〈清末日據初期臺灣的「鸞堂」——兼論「儒宗神教」的形成〉，《臺北文獻》，（直字）112，頁49-83。

王見川（1995），〈臺灣鸞堂研究的回顧與前瞻〉，《臺灣史料研究》，6，頁3-25。

王見川（1996），〈臺灣「關帝當玉皇」傳說的由來〉，《臺北文獻》，（直字）118，頁213-232。

王見川（1996），〈臺灣鸞堂研究的回顧與前瞻〉，收於王見川，《臺灣的齋教與鸞堂》，頁215-216。臺北：南天書局有限公司。

王見川（1997），〈略論陳中和家族的宗教信仰與勸善活動〉，《臺北文獻》，（直字）119，頁137-154。

王見川（1997），〈西來庵事件與道教、鸞堂之關係——兼論其周邊問題〉，《臺北文獻》，（直字）120，頁71-91。

王見川（1998），〈光復前臺灣客家地區鸞堂初探〉，《臺北文獻》，（直字）124，頁81-101。

王見川（2000），〈略論陳中和家族的信仰與勸善活動〉，收於王見川、

李世偉,《臺灣的民間宗教與信仰》,頁114。臺北:博揚文化事業有限公司。

王見川(2017),〈日治初期新竹地區的鸞堂及其影響〉,《竹塹文獻雜誌》,64,頁129-149。

呂仁偉、洪櫻芬(2001),〈地方上的儒宗神教——以東港大潭保安宮省修社天恩堂為例〉,《屏東文獻》,4,頁35-47。

宋光宇(1994),〈關於善書的研究及其展望〉,《新史學》,5(4),頁161-190。

宋光宇(1995),〈從最近十幾年來的鸞作遊記式善書談中國民間信仰裡的價值觀〉,收於宋光宇,《宗教與社會》,頁263-290。臺北:東大圖書股份有限公司。

宋光宇(1998),〈清末和日據初期臺灣的鸞堂與善書〉,《臺灣文獻》,49(1),頁1-20。

李世偉(1996),〈清末日據時期臺灣的仕紳與鸞堂〉,《臺灣風物》,46(4),頁111-143。

李世偉(1997),〈日治時期臺灣的宣講勸善〉,《臺北文獻》,(直字)119,頁111-135。

李世偉(1997),〈日治時期臺灣的儒教運動(上)〉,《臺北文獻》,(直字)120,頁93-131。

李世偉(1997),〈日治時期臺灣的儒教運動(下)〉,《臺北文獻》,(直字)121,頁43-82。

李世偉(1998),〈日據時期臺灣鸞堂的儒家教化〉,《臺北文獻》,(直字)122,頁59-79。

李世偉（2008），〈日治時期臺灣的儒教運動〉，收於李世偉，《臺灣佛教、儒教與民間信仰》，頁184-202。臺北：博揚文化事業有限公司。

李世偉（2008），〈儒教會會志〉，收於中國儒教會編，《中國儒教會會志》，頁8。屏東：睿煜出版社。

李世偉（2012），〈戰後國民政府與儒教團體之互動〉，《臺灣宗教研究》，11（2），頁71-105。

李茂祥（1970），〈略談拜鸞〉，《臺灣風物》，20（2），頁37-39。

林士鉉（2012），〈任教巨舶難輕犯天險生成鹿耳門——院藏滿、漢文《臺灣略圖》簡介〉，《故宮文物月刊》，349，頁40-48。

林永根（1984），〈臺灣鸞堂：一種蓬勃發展的民間信仰與傳統宗教〉，《臺灣風物》，34（1），頁71-78。

林孟欣（2012），〈清領時期鳳山地區水利社會的形成與發展〉，《高雄文獻》，2（4），頁6-38。

林明璋（2008），〈從古圖資推測清末鳳山縣雙城古道之位置〉，《環境與世界》，17，頁57-82。

林俊彬（2012），〈日治初期官民之間曹公新圳水利社會的再運作〉，《高雄文獻》，2（4），頁74-97。

林漢章（1993），〈余清芳在西來庵事件中所使用的善書〉，《臺灣史料研究》，2，頁116-122。

邱延洲（2013），〈鳳山地區送書灰儀式的初步考察〉，《高雄文獻》，3（3），頁111-126。

邱延洲（2015），〈「鳳邑儒教聯堂」與臺灣南部鸞堂運動開展（1950-

1979）〉,《高雄文獻》,5（3）,頁108-134。

邱延洲（2016）,〈鳳山地區鸞堂繳書醮儀中的普度祭儀初探〉,《高雄文獻》,7（1）,頁76-96。

邱延洲（2022）,〈日治時期的社會氛圍與《儒門科範》之編輯〉,《玄奘佛學研究》,3,頁111-151。

洪啟文、吳連賞（2010）,〈高雄市灌溉系統開發與區域發展之相關分析〉,《地理學報》,60,頁133-151。

許玉河（2003）,〈澎湖鸞堂發展史〉,《臺灣文獻》,54（4）,頁153-204。

許玉河（2009）,〈神道設教——澎湖鸞堂的社會關懷（上）〉,《咕咾石》,54,頁93-118。

許玉河（2009）,〈神道設教——澎湖鸞堂的社會關懷（下）〉,《咕咾石》,55,頁88-106。

富田芳郎（1955）,〈臺灣鄉鎮之研究〉,《臺灣銀行季刊》,7（3）,頁85-109。

曾令毅（2009）,〈屏東竹田西勢覺善堂與六堆地方社會〉,《臺灣文獻》,60（2）,頁91-150。

黃素貞（1997）,〈地方上的儒宗神教——以竹山克明宮為例〉,《地理教育》,23,頁81-96。

黃萍瑛（2014）,〈當代埔里鸞生的宗教生活——以育化堂女鸞為考察中心〉,《民俗曲藝》,184,頁279-334。

劉枝萬（1963）,〈清代臺灣之寺廟〉,《臺北文獻》,（直字）4（6）,頁101-120。

蔡懋堂（1974），〈臺灣現行的善書〉，《臺灣風物》，24（4），頁 7-36。

蔡懋堂（1976），〈臺灣現行的善書（續）〉，《臺灣風物》，26（4），頁 84-123。

蔣中正（1984），〈反攻戰爭是弔民伐罪的革命戰爭〉，收於秦孝儀主編《總統蔣公思想言論總集（卷三十九）》，頁 112。臺北：中國國民黨中央委員會黨史委員會。

鄭志明（1984），〈臺灣民間鸞堂儒宗神教的宗教體系初探〉，《臺北文獻》，（直字）68，頁 79-130。

鄭志明（1986），〈遊記類鸞書所顯示之宗教新趨勢〉，《中央研究院民族學研究所集刊》，61，頁 105-128。

鄭志明（2001），〈近五十年來台灣地區民間宗教之研究與前瞻〉，《臺灣文獻》，52（2），頁 127-149。

鄭喜夫（1981），〈從善書見地談「白衣神咒」在台灣〉，《臺灣文獻》，32（3），頁 120-167。

鄭喜夫（1982），〈清代臺灣善書初探〉，《臺灣文獻》，33（3），頁 7-36。

鄭喜夫（1983），〈關聖帝君善書在台灣〉，《臺灣文獻》，34（3），頁 115-148。

蘇峯楠（2018），〈清治初期臺灣知識地理編製——美國國會圖書館藏〈臺灣地里圖〉略論〉，《歷史臺灣：國立臺灣歷史博物館館刊》，15，頁 135-139。

四、學位論文

余玟慧（2009），〈高雄縣神農大帝信仰之研究〉。臺南：國立臺南大學

臺灣文化研究所碩士論文。

吳宗明（2014），〈鸞堂建構與家族經營：以指南宮為例〉。臺北：國立政治大學民族學系碩士論文。

李淑芳（2010），〈清代以來臺灣宣講活動發展研究——以高雄地區鸞堂為例〉。高雄：國立高雄師範大學臺灣歷史研究所碩士論文。

邱延洲（2014），〈鳳山地區鸞堂信仰及其社會網絡之研究——以鳳邑十一鸞堂為中心〉。高雄：國立高雄師範大學臺灣歷史文化及語言研究所碩士論文。

徐碧霞（2011），〈鸞堂型村廟的儀典與組織：以苗栗頭屋雲洞宮為例〉。新竹：國立交通大學客家文化學院客家社會與文化學程碩士論文。

張有志（2007），〈日治時期高雄地區鸞堂之研究〉。臺南：國立臺南大學臺灣文化研究所碩士論文。

許玉河（2004），〈澎湖鸞堂之研究〉。臺南：國立臺南大學鄉土文化研究所碩士論文。

陳怡宏（2014），〈臺灣農村的「皇民化」——高雄州「部落」社會教化團體的運作〉。臺北：國立臺灣大學歷史學系博士論文。

陳建宏（2004），〈公廟與地方社會——以大溪鎮普濟堂為例（1902-2001）〉。桃園：國立中央大學歷史研究所碩士論文。

彭彥秦（2021），〈竹塹樹杞林地區彭開耀家族發展史（1768-1945）〉。臺北：國立政治大學歷史學系碩士論文。

黃嫄群（2015），〈屏東鸞堂信仰探究——以統埔鎮安宮與大潭保安宮為例〉。屏東：國立屏東大學中國語文學系碩士班碩士論文。

黃慶生（2003），《我國宗教團體法治之研究》。桃園：銘傳大學公共事

務研究所碩士論文。

鄭寶珍（2008），〈日治時期客家地區鸞堂發展：以新竹九芎林飛鳳山代勸堂為例〉。桃園：國立中央大學客家社會文化研究所碩士論文。

鍾安（2021），〈鸞堂與地方社會：以南臺灣美濃廣善堂為例〉。臺北：國立臺灣師範大學歷史學系碩士論文。

五、其他

不著撰人，〈2024年鳳邑誠心社明善堂初一十五消災演經人員輪值表〉。高雄：鳳邑誠心社明善堂，未出版。

不著撰人，〈2024年鳳邑誠心社明善堂諸神祇聖誕堂生演經輪值表〉。高雄：鳳邑誠心社明善堂，未出版。

不著撰人，〈正法繳書課程表〉。高雄：鳳邑誠心社明善堂，未出版。

不著撰人，〈明善堂歷任堂主芳名與事蹟〉。高雄：鳳邑誠心社明善堂，未出版。

不著撰人，〈癸卯年花月鳳邑啟明社樂善堂奉旨著造金箴「醒世迷津」建繳書醮典次序表〉。高雄：鳳邑啟明社樂善堂，未出版。

不著撰人，〈高雄市人民團體立案證書〉（立於誠心社明善堂內）。

不著撰人，〈陸軍第二軍團司令部佈告：（43）輔確字第二一七七號〉（1954年11月，實貼修心社靈善堂）。

不著撰人，〈鳳邑誠心社明善堂宣誓詞〉，未出版，年代不詳。

不著撰人，〈鳳邑誠心社明善堂堂生職務一覽表〉（立於誠心社明善堂內）。

不著撰人，《演淨科儀》（高雄：鳳邑誠心社明善堂，未出版）。

中央研究院（2003），《臺灣歷史文化地圖系統》第一版。臺北：中央研究院。網址：https://thcts.sinica.edu.tw/。

中央研究院人社中心 GIS 專題中心，《臺灣百年歷史地圖》。網址：https://gissrv4.sinica.edu.tw/gis/kaohsiung.aspx。

高雄市鳳山區公所，鳳山市區公所人口統計。資料檢索日期：2022 年 1 月 5 日。網址：https://reurl.cc/N0Rkqq。

國立故宮博物院，「典藏精選」(〈乾隆臺灣輿圖〉)。網址：https://theme.npm.edu.tw/selection/Article.aspx?sNo=04001051#inline_content_intro。

鳳邑儒教聯堂著（1979），〈鳳邑儒教概況繳書建醮各種文疏藍本〉。高雄：鳳邑儒教聯堂。

附錄一　誠心社明善堂政治菁英一覽表

姓名	鸞堂任職	就任單位	職稱	任期時間	屆數	經歷
沈義	堂主	鳳山鎮代表會	鎮民代表	1946-1953	第一、二、三屆	調解委員 鎮民代表 農會常理
			鎮代表主席	1953	第四屆	
		高雄縣議會	議員	1955-1958 1968-1977	第三、七、八屆	
鄭水池	堂主	鳳山市代表會	市民代表	1973-1982	第二、三屆	市民代表
		高雄縣議會	議員	1982-1998	第十至十三屆	
王德中	副堂主	鳳山鎮文山里	里長	1946-	第一至五屆	水利委員 里長
		鳳山鎮代表會	鎮民代表	1946-1948 1961-1968	第一、七、八屆	
許天賜	副堂主	鳳山鎮代表會	鎮民代表	1950-1953	第三屆	鎮公所幹事
鄭真襲	司經	鳳山鎮文山里	里長	1960-	第一至六屆	調解委員
		鳳山鎮代表會	鎮民代表	1950-1953	第三屆	
楊明旺	迎送生	鳳山鎮代表會	鎮民代表	1950-1961	第三至六屆	農業增產部長 佃農委員
鄭來富	誥誦生	鳳山鎮文山里	里長	1968-1972	第八屆	技工
		鳳山市文山里		1972-1973	第一屆	
黃振火	迎送生	鳳山鎮代表會	鎮民代表	1964-1972	第八、九屆	調解委員 水廠技工 家畜合社經理
		鳳山市代表會	市民代表	1972-1973 1978-1982	第一、三屆	

資料來源：1. 簡炯仁主編，《鳳山市志》（鳳山：高雄縣鳳山市公所，2004），頁 836-850。2. 高雄縣政府，《高雄縣宗教之美專書上冊》（高雄：臺灣縣政府民政處，2010），頁 3-36。

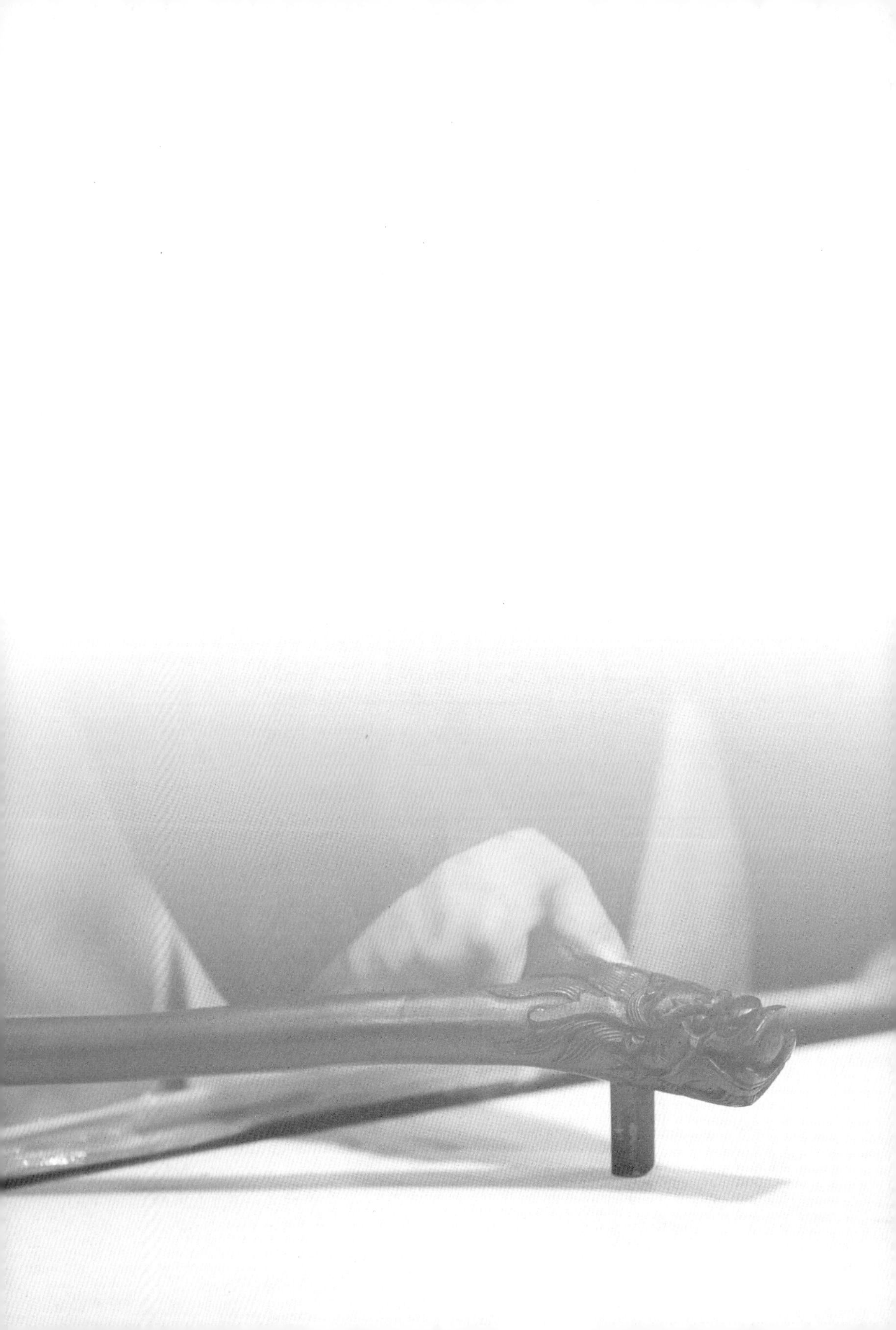

附錄二　赤山文衡殿委員名單

赤山文衡殿第一屆董監事名單（1986-1997）	
職稱	姓名
董事長	邱松正
常務董事	鄭水池、鄭中雄
董事	丁金墩、曾順德、鄭文鳳、尤進成、李安心、黃振火、鄭來發、潘頭、楊和義、鄭新發、林戇番
常務監事	林枴
監事	劉天寶、趙元平、鄭三程
赤山文衡殿重建委員會名單（1988）	
職稱	姓名
主任委員	鄭國瑞
副主任委員	張育源、鄭新發、楊和義
委員	丁金墩、尤進成、尤秋輝、何進福、李安心、邱松正、林枴、林啟明、林登福、林文懷、林其全、邱瑞麟、陳文進、陳春在、曹溪雄、曹溪明、許正雄、許義明、曾順德、黃振火、楊廷式、趙進榮、鄭天文、鄭文鳳、鄭水池、鄭福全、鄭來發、鄭三程、鄭龍山、鄭中雄、鄭名順、鄭同國、鄭明雄、鄭新永、歐寶鳳、歐寶雀、歐金土、劉天寶、劉扶源、潘頭、謝秋田、魏星文、龔宙、蘇天祺
赤山文衡殿第二屆董監事名單（1997-2004）	
職稱	姓名
董事長	張育源
常務董事	林正雄、曹溪明
董事	鄭明雄、林文懷、蘇天祺、李章賢、邱瑞麟、歐金土、李清輝、歐國南、錢俊皞、王見光
常務監事	尤秋輝
監事	葉清漢、鄭新永

說明：姓名灰底者為時任誠心社明善堂堂生。
資料來源：1. 不著撰人，〈鳳邑文衡殿沿革〉（立於赤山文衡殿大殿右方）；
　　　　　2. 不著撰人，〈鳳邑文衡殿重建委員會〉（立於赤山文衡殿大殿右方）。

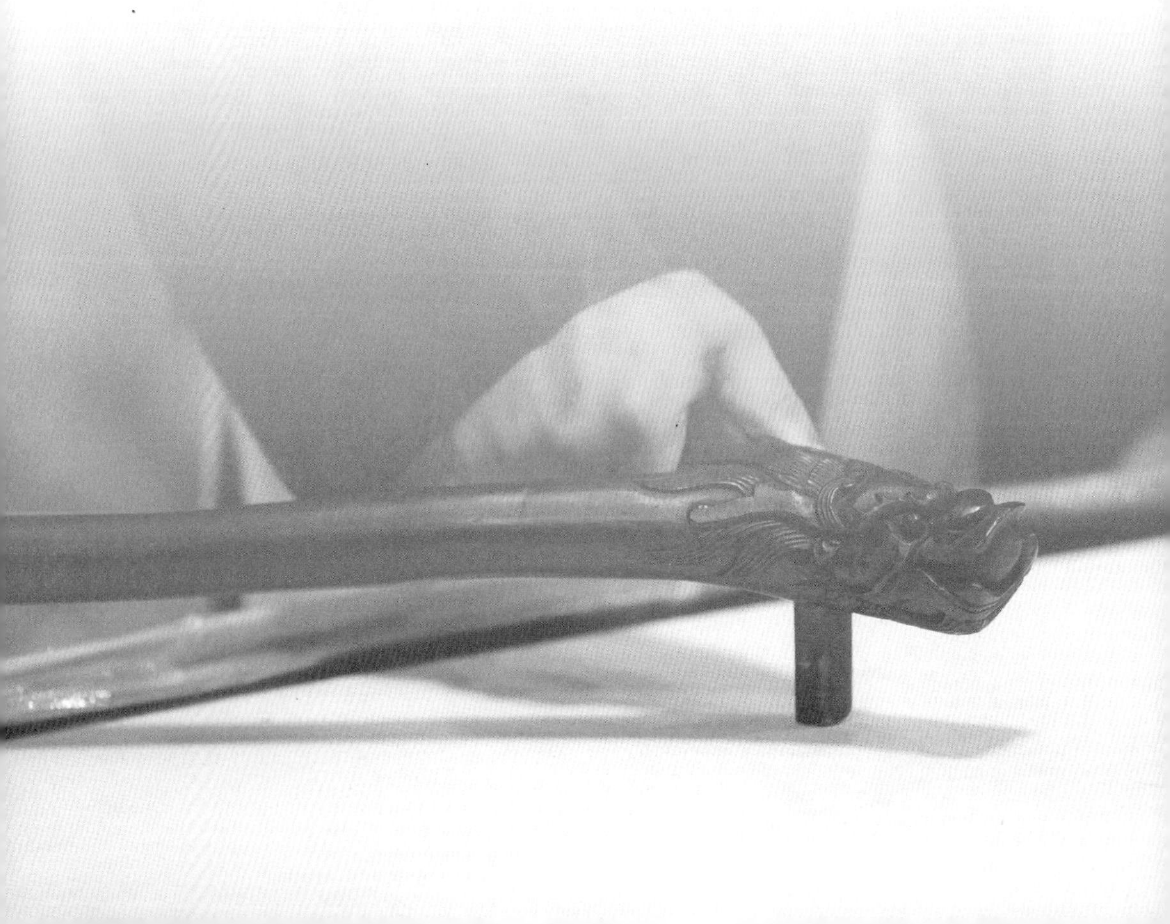

附錄三　赤山地方公廟籌建委員

文農宮癸丑年籌建委員（1973）			
職稱	姓名		備註
籌建委員	沈義	明善堂堂生	時任高雄縣議員暨明善堂堂主
	鄭真襲		前鳳山鎮民代表
	王德中		時任明善堂副堂主
	鄭水池		時任鳳山市民代表
	邱松正		時任明善堂鑑理
	許天賜		時任明善堂內務總理
	楊明旺		前鳳山鎮民代表
	歐寶鳳		赤山福德祠管理人
	林啟明		時任明善堂總務
	林茂生		時任明善堂副鸞生
	尤秋輝		時任明善堂誥誦生
	鄭福全		時任明善堂會計
	鄭來發		地方菁英家族
	邱世雄		邱家祖廟
	邱松齡	靈善堂正鸞生	
	魏朝禹	赤山庄頂頭角人	時任鳳山鎮代表副主席
	林戇番	前文衡殿董事兒子	地方家族代表
	錢忠信	今文衡殿董事長祖父	
	曾順德	地方家族代表	
	楊拙		

赤山福德祠委員（2000）			
職稱	姓名		備註
委員	楊華	明善堂堂生	管理人歐國南父親
	蘇新來		
	沈義	明善堂堂生	曾任高縣議員
	鄭水池	明善堂堂生	曾任高縣議員
	鄭來富	明善堂堂生	曾任文山里里長
	楊和義		時任文山里里長
	歐秋福	母親為明善堂堂生	前管理人歐寶鳳姪子

(續上表)

| 管理人 | 歐國南 | 母親為明善堂堂生 | 前管理人歐寶鳳兒子 |

說明：姓名灰底色為時任誠心社明善堂堂生。

資料來源：1. 不著撰人，〈鳳山市文山里文農宮重建誌銘〉（1973年立於文農宮左側）；2. 不著撰人，〈鳳邑赤山福德祠沿革〉（2000年8月立於外側牆壁）。

附錄四　誠心社明善堂職務

當前命派堂務職務表	
職稱	姓名
堂主	林義雄
副堂主	吳翠玉、黃邦雄、蔡萬清
堂務監理	林棟材
堂務委員	林義雄、王國柱、黃邦雄、吳翠玉、蔡萬清、林棟材、邱明道、柯鳳明、吳正宗、吳國成、鄭榮貴、吳瑞祥、林天寶、鄭鐘鳴、鄭貽真、吳貞江、錢碖、趙麗月、鄭秀容
內總理	鄭貽真
外總理	柯鳳明
總務	吳國成
會計	鄭秀容
司經	柯鳳明
司樂	林天寶
助理經樂	吳瑞祥
襄導經樂	吳翠玉、林義雄
當前命派鸞務職務表	
六部職稱	姓名
正鸞生	蔡萬清、邱明道、邱延洲、莊仁誠
副鸞生	林棟材、吳國成、鄭鐘鳴
唱鸞生	王國柱、林義雄、黃邦雄、吳瑞祥、林天寶
錄鸞生	吳瑞祥、鄭秀容、許貴花
誥誦生	柯鳳明、吳正宗、鄭榮貴
司香生	戴文代、楊舒惠、錢碖、趙麗月、吳瑞珠
進菓生	方錦涊、呂慧香、鄭美芳、吳玉英、謝秋菊
把門生	劉嫌、張玉英、廖惠琴、黃月雲、沈錦雲
宣講生	林義雄、吳瑞祥

（續上表）

鳳邑誠心社明善堂同修會職務表	
職稱	姓名
理事長	林義雄
理事	黃邦雄、吳翠玉、柯鳳明、鄭貽真、許貴花、林天寶、鄭榮貴、吳瑞祥
候補理事	鄭鐘鳴、吳正宗
常務監事	王國柱
監事	邱明道、蔡萬清
候補監事	林棟材
總幹事	邱延洲
幹事	莊仁誠、吳振豐
總務	吳國成
會計	鄭秀容

說明：姓名灰底者為已過世誠心社明善堂堂生。
資料來源：不著撰人，〈鳳邑誠心社明善堂堂生職務一覽表〉（立於誠心社明善堂內）。

圖附 4-1　鳳邑誠心社明善堂堂生職務一覽表
資料來源：吳振豐拍攝。

附錄五　2024 年誠心社明善堂各項祭儀堂生輪值

誠心社明善堂諸神祇《祭聖科儀》堂生輪值表

日期	時間	祭聖神祇	誦經儀式 演淨	誦經儀式 請三官	祝壽獻敬
正月初八	晚上	玉皇上帝	吳瑞祥		
正月十二	晚上	關恩主	吳瑞祥		許貴花
正月十五	下午	上元天官	吳國成		
正月十八	下午	副馳騁元帥	陳秀麗		鄭秀容
二月初三	下午	文昌帝君	吳翠玉		林義雄
三月十五	下午	正主席	鄭秀容		柯鳳明
三月十九	下午	堂慶	吳國成		
三月二十八	下午	倉頡元君	陳秀麗		呂慧香
四月十四	下午	呂恩主	鄭秀容		林天寶
四月二十六	下午	正馳騁元帥	呂慧香		鄭秀容
五月十二	下午	功過司	柯鳳明		許貴花
五月十二	晚上	關聖太子	錢碖		呂慧香
六月初三	下午	李恩主	林天寶		林義雄
六月二十三	晚上	關恩主	吳瑞祥		吳國成
七月十五		中元地官	謝秋菊	黃邦雄	
八月十五	下午	副主席暨司禮神	吳瑞祥		吳國成
八月二十七	下午	至聖先師	陳秀麗		吳翠玉
九月初九		南斗北斗星君	許貴花	林義雄	
十月十五		下元水官	謝秋菊	林天寶	

（續上表）

赤山文衡殿神祇《祭聖科儀》堂生輪值表				
日期	時間	文衡殿內祭聖神祇	誦經儀式	
^	^	^	演淨	祝壽獻敬
正月十三	早上	關聖帝君	謝秋菊	林天寶
二月初二	^	福德正神	謝秋菊	鄭秀容
三月二十	^	註生娘娘	謝秋菊	吳瑞祥
三月二十三	^	天上聖母	許貴花	黃邦雄
四月二十六	^	神農大帝	柯鳳明	錢碖
五月十三	^	關聖太子	許貴花	林天寶
六月二十四	^	關聖帝君	許桂花	錢碖
七月十九	^	太歲星君	陳秀麗	吳翠玉
九月初九	^	中壇元帥	林天寶	鄭秀容
十月二十三	^	周倉將軍暨大將公	吳瑞祥	許貴花
十一月二十六	^	王公	鄭秀容	黃邦雄

赤山文衡殿初一、十五《消災科儀》堂生輪值表			
日期	演淨科儀	南北斗經	藥師經
正月初一	吳翠玉	林天寶	鄭秀蓉
正月十五	吳瑞祥	許貴花	廖慧琴
二月初一	陳秀麗	趙麗月	吳瑞祥
二月十五	廖慧琴	吳瑞祥	許貴花
三月初一	林天寶	許貴花	謝秋菊
三月十五	吳翠玉	鄭秀蓉	趙麗月
四月初一	吳瑞祥	陳秀麗	鄭秀蓉
四月十五	鄭秀蓉	謝秋菊	廖慧琴
五月初一	陳秀麗	趙麗月	許貴花
五月十五	許貴花	鄭秀蓉	謝秋菊
六月初一	廖慧琴	吳瑞祥	許貴花
六月十五	鄭秀蓉	許貴花	吳瑞祥
八月初一	謝秋菊	林天寶	廖慧琴
八月十五	林天寶	陳秀麗	謝秋菊

附錄五　2024年誠心社明善堂各項祭儀堂生輪值

（續上表）

九月初一	陳秀麗	謝秋菊	鄭秀蓉
九月十五	許貴花	吳瑞祥	趙麗月
十月初一	謝秋菊	鄭秀蓉	陳秀麗
十月十五	廖慧琴	趙麗月	許貴花
十一月初一	吳瑞祥	許貴花	廖慧琴
十一月十五	許貴花	林天寶	吳瑞祥
十二月初一	林天寶	鄭秀蓉	許貴花
十二月十五	鄭秀蓉	謝秋菊	趙麗月

說明：灰底色為赤山文衡殿參與誠心社明善堂祭聖。

資料來源：1. 不著撰人，〈2024年鳳邑誠心社明善堂諸神祇聖誕堂生演經輪值表〉（高雄：鳳邑誠心社明善堂，未出版）。2. 不著撰人，〈2024年鳳邑誠心社明善堂初一十五消災演經人員輪值表〉（高雄：鳳邑誠心社明善堂，未出版）。

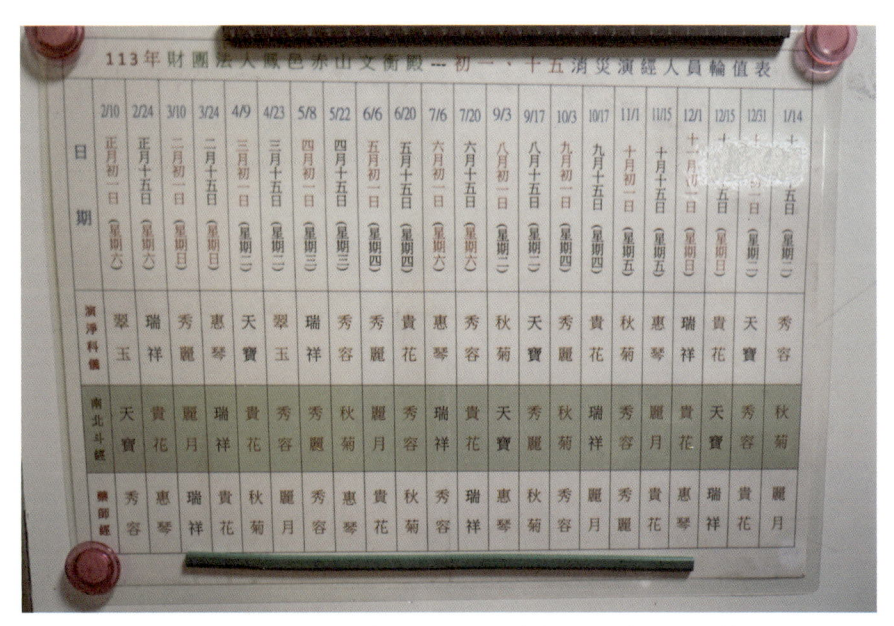

圖附5-1　赤山文衡殿2024年初一、十五《消災科儀》經生輪值表
資料來源：吳振豐拍攝。

圖附 5-2　鳳邑誠心社明善堂堂生演經輪值表
資料來源：吳振豐拍攝。

附錄六　赤山聚落各里沿革

戰後			日治時代					清代	
高雄市	高雄縣		高雄州轄下		鳳山廳 （1901）			鳳山廳 （1894）	
鳳山區 （2010）	鳳山市 （1998）	鳳山鎮 （1946）	鳳山郡 鳳山街 （1920）						
里名	里名		大字	小字	里名	街庄名	小地名	里名	街庄名
文山里	赤山里		赤山		赤山里	赤山庄	頂頭仔 後庄仔	赤山里	赤山莊
文英里									
文衡里							下頭仔		
文福里									
文華里									
文德里									

資料來源：施添福總編纂，《臺灣地名辭書卷五：高雄縣》（第二冊・上）（南投：國史館臺灣文獻館，2008），頁331。

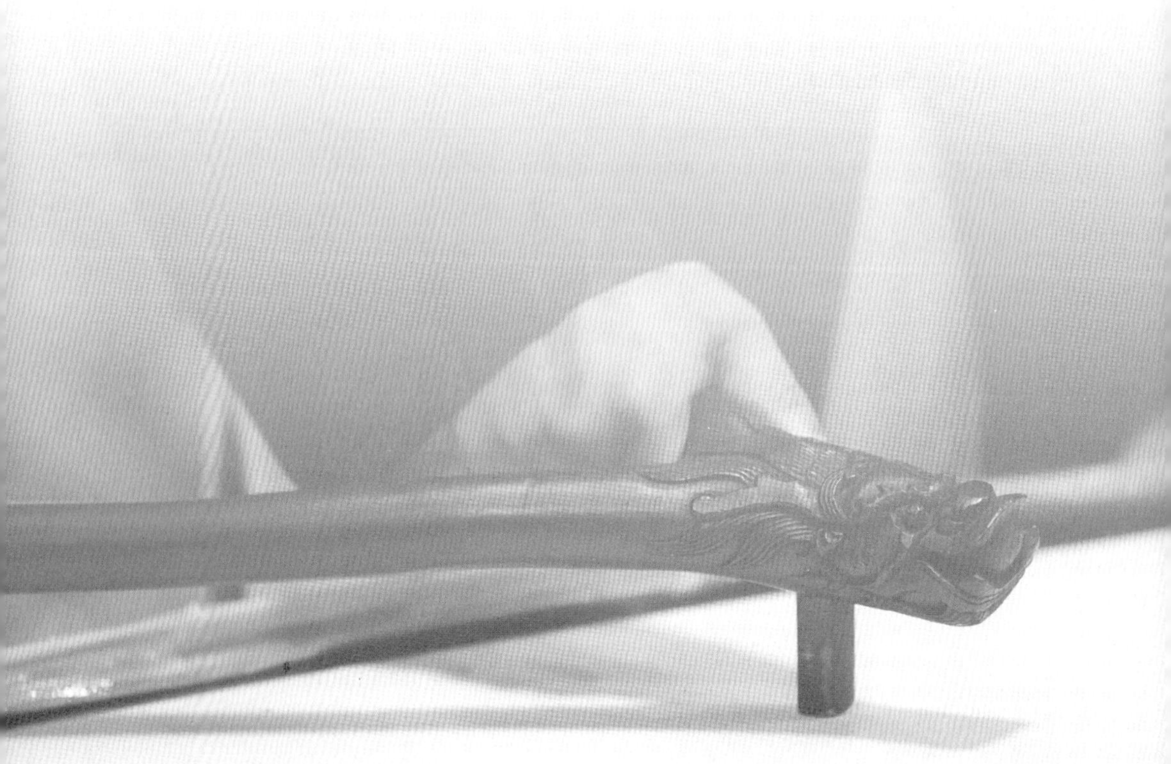

高雄研究叢刊	第 15 種	

飛鷺走筆：
赤山鷺堂、公廟與地方社會

國家圖書館出版品預行編目（CIP）資料

飛鷺走筆：赤山鷺堂、公廟與地方社會 / 吳振豐著. -- 初版. -- 高雄市：行政法人高雄市立歷史博物館, 巨流圖書股份有限公司, 2024.12
　　232 面；17×23 公分 . -- (高雄研究叢刊；第 15 種)
　　ISBN 978-626-7267-48-6（平裝）

1.CST: 民間信仰 2.CST: 寺廟 3.CST: 宗教與社會 4.CST: 高雄市

271.9　　　　　　　　　　　　　　113018906

作　　者	吳振豐
發 行 人	李文環
策畫督導	李旭騏、王舒瑩
行政策畫	莊建華、蔡沐恩
編輯委員會	
召 集 人	吳密察
委　　員	王御風、李文環、陳計堯、陳文松
執行編輯	鍾宛君
美術編輯	弘道實業有限公司
封面設計	黃士豪
指導單位	文化部、高雄市政府文化局
出版發行	行政法人高雄市立歷史博物館
地　　址	803003 高雄市鹽埕區中正四路 272 號
電　　話	07-5312560
傳　　真	07-5319644
網　　址	https://www.khm.org.tw
共同出版	巨流圖書股份有限公司
地　　址	802019 高雄市苓雅區五福一路 57 號 2 樓之 2
電　　話	07-2236780
傳　　真	07-2233073
網　　址	https://www.liwen.com.tw
郵政劃撥	01002323 巨流圖書股份有限公司
法律顧問	林廷隆律師
登 記 證	局版台業字第 1045 號
ISBN	978-626-7267-48-6（平裝）
GPN	1011301800
初版一刷	2024 年 12 月

定價：450 元

本書為文化部「112-113 年度博物館及地方文化館升級計畫——書寫城市歷史核心——地方文化館提升計畫」經費補助出版

（本書如有破損、缺頁或倒裝，請寄回更換）